EL METAVERSO Y SU IMPACTO EN LAS INTERACCIONES SOCIALES

DAVID SANDUA

El metaverso y su impacto en las interacciones sociales.
© David Sandua 2024. All rights reserved.
eBook & Paperback Edition.

"El metaverso ofrece una oportunidad única para explorar nuevas formas de comunicación y relación humana, trascendiendo las limitaciones del espacio físico."

Marissa Mayer

ÍNDICE

8

9

10

11

I. INTRODUCCIÓN

El concepto de metaverso ha suscitado una gran atención en los últimos años, ya que representa un cambio transformador en la forma en que las personas interactúan con los espacios digitales y físicos. Al combinar elementos de realidad aumentada, realidad virtual e Internet, el metaverso ofrece una plataforma para experiencias inmersivas que superan a las actuales plataformas de juegos y redes sociales en línea. Este nuevo reino digital tiene el potencial de revolucionar varios aspectos de la vida cotidiana, como el trabajo a distancia, la educación, el entretenimiento y las interacciones sociales. Sin embargo, a medida que el metaverso sigue evolucionando, salen a la luz importantes preocupaciones relativas a la privacidad, la seguridad de los datos y las identidades digitales. Además, las implicaciones económicas del metaverso son significativas, ya que abre nuevas vías para el comercio, el marketing y el intercambio de activos digitales como los tokens no fungibles (NFT). A medida que la sociedad se enfrenta a las implicaciones éticas y filosóficas de esta tecnología emergente, se hace imperativo superar los retos de crear un metaverso inclusivo y seguro que beneficie a todos los usuarios.

Definición del metaverso

El metaverso, como concepto, define un espacio virtual colectivo que surge de la fusión de la realidad física virtualmente mejorada, la realidad aumentada e Internet. Este espacio dinámico tiene el potencial no sólo de revolucionar la forma en que las personas se relacionan entre sí en entornos digitales, sino también de remodelar sus conexiones con el mundo físico. El metaverso, que ofrece experiencias inmersivas más allá de las actuales plataformas de juegos y medios sociales en línea, abre nuevas posibilidades de trabajo a distancia, educación, entretenimiento e interacciones sociales dentro de reinos virtuales que proporcionan compromisos más profundos y diversos que nunca. Sin embargo, el desarrollo del metaverso saca a la luz importantes preocupaciones relativas a la privacidad, la seguridad de los datos y la identidad digital. A medida que los individuos habitan cada vez más entornos virtuales, la salvaguarda de la información personal y la gestión de las identidades digitales se convierten en consideraciones críticas. Además, es imperativo garantizar un metaverso inclusivo y accesible que mitigue los problemas de desigualdad y acoso. El metaverso también presenta una economía floreciente, que genera nuevas formas de comercio y oportunidades empresariales con el intercambio de activos digitales como terrenos virtuales y NFT. Por último, el advenimiento del metaverso provoca una reevaluación de los dilemas éticos y filosóficos, desdibujando las líneas entre las experiencias de la vida real y las realidades virtuales, lo que provoca un nuevo examen de los conceptos en torno a la identidad, la comunidad y la propiedad. En esencia, el metaverso se

erige como un cambio pionero en la tecnología digital, preparado para transformar facetas esenciales de la vida cotidiana,
la economía y la cultura. Sin embargo, su avance y aceptación
conllevan retos sustanciales que requieren soluciones integrales
para garantizar un acceso equitativo a sus ventajas, al tiempo
que se mitigan las posibles repercusiones negativas.

La relevancia del metaverso para las interacciones sociales

La relevancia del metaverso para las interacciones sociales es innegablemente significativa en la era digital en la que vivimos. A medida que avanza la tecnología, nuestras interacciones con los demás tienen lugar cada vez más en espacios virtuales, difuminando las líneas entre las realidades física y digital. El metaverso ofrece una plataforma única para el compromiso social, proporcionando experiencias inmersivas que permiten a las personas conectar, colaborar y crear de formas nunca antes posibles. A través de entornos virtuales, las personas pueden reunirse, trabajar, aprender y jugar juntas, fomentando relaciones y experiencias más profundas. Este cambio en la interacción social tiene el potencial de revolucionar la forma en que nos comunicamos y nos relacionamos con los demás, trascendiendo los límites tradicionales de tiempo y espacio. Sin embargo, esta evolución también conlleva retos, como la preocupación por la privacidad, la gestión de la identidad digital y la garantía de la inclusión de todos los usuarios. Mientras navegamos por esta nueva era de interacciones sociales en el metaverso, es esencial abordar estos retos de forma reflexiva y responsable para aprovechar todo el potencial de esta tecnología emergente para establecer conexiones positivas y significativas.

Finalidad y estructura del ensayo

El propósito y la estructura de un ensayo sobre el impacto del metaverso en las interacciones sociales son cruciales para garantizar una exploración coherente y perspicaz de este tema. El objetivo principal de un ensayo de este tipo es analizar cómo el metaverso está revolucionando la forma en que los individuos se conectan y participan en los entornos digitales. Al examinar las implicaciones potenciales en la dinámica social, los patrones de comunicación y las relaciones interpersonales, el ensayo pretende ofrecer una comprensión global de este fenómeno emergente. Para conseguirlo, es esencial una estructura clara, empezando por una introducción que establezca el contexto y la importancia del metaverso en la configuración de las interacciones futuras. Los párrafos del cuerpo deben profundizar en aspectos concretos como los espacios sociales virtuales, las oportunidades económicas, las consideraciones éticas y los retos en materia de seguridad y privacidad de los datos. Cada párrafo debe presentar un argumento distinto apoyado en pruebas y análisis. Por último, la conclusión debe recapitular los principales puntos tratados y ofrecer una visión de las implicaciones más amplias del metaverso en la sociedad. Siguiendo esta estructura organizada y coherente, el ensayo puede transmitir eficazmente la importancia y las complejidades del impacto del metaverso en las interacciones sociales.

II. CONTEXTO HISTÓRICO DE LAS INTERACCIONES VIRTUALES

El contexto histórico de las interacciones virtuales desempeña un papel crucial para comprender el panorama actual del metaverso. Las interacciones virtuales han evolucionado significativamente a lo largo de los años, desde las primeras salas de chat basadas en texto hasta las sofisticadas experiencias de realidad virtual. El desarrollo de las tecnologías de la comunicación, como Internet y las plataformas de medios sociales, ha allanado el camino para unas interacciones virtuales más fluidas e inmersivas. Estos avances han creado un cambio en la forma en que las personas se conectan, colaboran y comparten experiencias en los espacios digitales. Además, las raíces históricas de las interacciones virtuales ponen de relieve la importancia de la inclusión y la accesibilidad en los entornos digitales, así como las consideraciones éticas en torno a la privacidad y la seguridad de los datos. Explorando la trayectoria histórica de las interacciones virtuales, podemos obtener valiosas perspectivas sobre los retos y oportunidades que nos aguardan en el mundo cada vez más interconectado del metaverso.

Evolución de la Internet primitiva a los medios sociales

La evolución de la Internet primitiva a los medios sociales representa un cambio significativo en la forma en que las personas se conectan e interactúan en los espacios digitales. Al principio, Internet servía como una vasta red para compartir información y comunicarse a través de correos electrónicos y salas de chat, ofreciendo vías limitadas para el compromiso social. Sin embargo, con el auge de plataformas de medios sociales como Facebook, Twitter e Instagram, el panorama de las interacciones en línea se ha transformado. Estas plataformas dan prioridad a los contenidos generados por los usuarios, la comunicación en tiempo real y las oportunidades de establecer contactos, lo que permite a las personas compartir sus pensamientos, experiencias e intereses con un público global. La evolución de los medios sociales no sólo ha democratizado el acceso a la información y la comunicación, sino que también ha influido en la forma en que las personas establecen relaciones, se expresan y participan en el discurso público. Desde los primeros foros de Internet hasta los actuales ecosistemas interconectados de medios sociales, la evolución demuestra la creciente interconexión y digitalización de las interacciones humanas. La transición refleja un cambio hacia experiencias en línea más personalizadas e interactivas, configurando la forma en que nos relacionamos con la tecnología y entre nosotros en la era digital.

Aparición de la realidad virtual y la realidad aumentada

La aparición de la realidad virtual (RV) y la realidad aumentada (RA) ha desempeñado un papel crucial en el desarrollo del metaverso. La RV sumerge a los usuarios en un entorno completamente digital, permitiéndoles interactuar con entornos generados por ordenador de forma realista, mientras que la RA superpone elementos digitales al mundo real, mejorando nuestra percepción de la realidad. Estas tecnologías han revolucionado la forma en que experimentamos y nos relacionamos con los contenidos digitales, sentando las bases para la creación del metaverso. Al combinar la RV y la RA con Internet, el metaverso ofrece una integración perfecta de los espacios físicos y digitales, abriendo nuevas posibilidades para las interacciones sociales, el entretenimiento, la educación y el comercio. A medida que las tecnologías de RV y RA sigan avanzando, es probable que el metaverso sea aún más envolvente y atractivo, difuminando las líneas entre los reinos físico y digital. La integración de la RV y la RA en el metaverso representa un cambio significativo en la forma en que percibimos e interactuamos con el mundo que nos rodea, allanando el camino para una nueva era de innovación digital y conectividad social.

Precursores del concepto de metaverso

Aunque el concepto de metaverso pueda parecer una innovación reciente, sus precursores se remontan a diversas fuentes. La literatura de ciencia ficción, en particular las obras de autores como William Gibson y Neal Stephenson, desempeñaron un papel crucial a la hora de imaginar mundos virtuales que difuminan las fronteras entre la realidad y los entornos digitales. Además, las tecnologías de realidad virtual de los años 90 sentaron las bases de las experiencias inmersivas que el metaverso promete ofrecer. El auge de los juegos multijugador en línea y las plataformas sociales también introdujo la idea de espacios virtuales compartidos en los que las personas podían interactuar y colaborar en tiempo real. Estos primeros avances sentaron las bases para la aparición del metaverso como universo digital global que abarca una amplia gama de actividades e interacciones sociales. Al basarse en estos precursores, el metaverso tiene el potencial de revolucionar la forma en que nos relacionamos con la tecnología, conectamos con los demás y navegamos por el mundo cada vez más digitalizado que nos rodea.

III. FUNDAMENTOS TECNOLÓGICOS DEL METAVERSO

Los fundamentos tecnológicos del metaverso son clave para comprender su impacto potencial en las interacciones sociales. Al aprovechar tecnologías de vanguardia como la realidad virtual, la realidad aumentada, la inteligencia artificial y el blockchain, el metaverso está preparado para ofrecer experiencias inmersivas que desdibujan las fronteras entre el mundo físico y el digital. Los cascos de realidad virtual, los sensores de seguimiento del movimiento y los dispositivos de retroalimentación háptica permiten a los usuarios navegar e interactuar con los espacios virtuales de una forma más natural e intuitiva. Al mismo tiempo, los algoritmos de inteligencia artificial impulsan avatares inteligentes y PNJs que pueden interactuar con los usuarios de forma significativa, mejorando la experiencia de inmersión global. Además, la tecnología blockchain asegura las transacciones, permite la propiedad de activos digitales y facilita la gobernanza descentralizada dentro del metaverso. Estos componentes tecnológicos sientan las bases de un entorno virtual dinámico e interconectado que puede revolucionar las interacciones sociales, el entretenimiento, la educación y el comercio. A medida que el metaverso siga evolucionando, los avances en estas tecnologías fundacionales desempeñarán un papel crucial en la configuración de su futuro desarrollo y adopción generalizada.

El hardware que permite las experiencias virtuales

El hardware que permite las experiencias virtuales es un componente crítico del desarrollo del metaverso. Esta tecnología desempeña un papel central en la creación de entornos virtuales inmersivos e interactivos que permiten a los usuarios participar y conectar entre sí de formas nuevas y emocionantes. Desde potentes tarjetas gráficas y pantallas de alta resolución hasta avanzados sensores de seguimiento del movimiento y dispositivos de retroalimentación háptica, el hardware necesario para soportar estas experiencias virtuales evoluciona constantemente y se hace cada vez más sofisticado. Empresas como Facebook (ahora Meta) están invirtiendo mucho en el desarrollo de cascos de realidad virtual, como el Oculus Rift, para dar vida al metaverso. Estos dispositivos proporcionan a los usuarios una sensación de presencia e inmersión en mundos virtuales, mejorando las interacciones sociales y creando nuevas posibilidades de comunicación y colaboración. A medida que el hardware que permite las experiencias virtuales siga avanzando, el metaverso se convertirá en una parte aún más atractiva e integral de nuestras vidas digitales, remodelando la forma en que conectamos con los demás y experimentamos el mundo que nos rodea.

Plataformas de software y desarrollo

En el reino del metaverso, las plataformas de software y el desarrollo desempeñan un papel fundamental en la configuración de las experiencias inmersivas que encuentran los usuarios. El desarrollo del metaverso requiere un software sofisticado que pueda integrar a la perfección entornos virtuales con elementos del mundo real. Las plataformas de software deben ser lo suficientemente versátiles como para soportar una amplia gama de actividades, desde las interacciones sociales hasta el comercio y el entretenimiento. Los desarrolladores se enfrentan al reto de crear sistemas complejos que no sólo proporcionen a los usuarios una experiencia realista y atractiva, sino que también garanticen la seguridad y privacidad de los datos personales. Además, el desarrollo de software en el metaverso abre interesantes posibilidades de innovación, como la creación de activos digitales únicos, como las NFT, que pueden comprarse, venderse e intercambiarse en entornos virtuales. A medida que el metaverso siga evolucionando, el desarrollo de plataformas de software será crucial para dar forma al futuro de las interacciones y experiencias digitales.

Integración de la IA y el aprendizaje automático

En el ámbito del metaverso, la integración de la Inteligencia Artificial (IA) y el aprendizaje automático presenta una oportunidad innovadora para mejorar y personalizar las experiencias de los usuarios. Mediante algoritmos de IA, los entornos virtuales pueden adaptarse y responder a los comportamientos de los usuarios en tiempo real, creando interacciones dinámicas e inmersivas. Los algoritmos de aprendizaje automático pueden analizar grandes cantidades de datos generados en el metaverso para descubrir patrones y perspectivas, permitiendo la creación de mundos virtuales más atractivos y realistas. Esta integración también puede permitir a los avatares impulsados por la IA interactuar con los usuarios de forma más natural y receptiva, difuminando la línea entre entidades humanas y artificiales. Además, los sistemas impulsados por la IA pueden facilitar una comunicación y colaboración más fluidas entre los usuarios, mejorando la experiencia social general dentro del metaverso. Al aprovechar las capacidades de la IA y el aprendizaje automático, el metaverso tiene el potencial de revolucionar la forma en que interactuamos, nos comunicamos y participamos en los espacios virtuales, dando paso a una nueva era de interconexión digital y dinámica social.

IV. EL METAVERSO COMO ESPACIO SOCIAL

El metaverso ha surgido como un espacio social dinámico con potencial para revolucionar la forma en que los individuos interactúan y se conectan en entornos virtuales. Este reino virtual colectivo, que abarca elementos de realidad aumentada y realidad física mejorada digitalmente, ofrece una plataforma para diversas experiencias que fomentan un compromiso más profundo e interacciones sociales significativas más allá de los medios sociales tradicionales y las plataformas de juegos. A medida que los usuarios navegan por espacios virtuales para el trabajo, la educación, el entretenimiento y las reuniones sociales, el metaverso abre nuevas posibilidades de conexiones inmersivas y enriquecedoras. Sin embargo, en medio de estas apasionantes oportunidades, las consideraciones críticas sobre la privacidad, la seguridad de los datos y la identidad digital surgen como preocupaciones primordiales. Salvaguardar la información personal y garantizar la inclusión y accesibilidad de todos los usuarios es esencial para navegar por el paisaje en evolución del metaverso. La floreciente economía del metaverso, marcada por el comercio de activos digitales y la aparición de nuevos mercados, subraya el poder transformador de este espacio virtual. El desarrollo del metaverso suscita profundas reflexiones sobre la identidad, la comunidad y la propiedad, desafiándonos a reexaminar nuestra comprensión de estos conceptos fundamentales en la era digital. Es imperativo abordar las complejidades e implicaciones éticas inherentes a este espacio social transformador.

Las comunidades virtuales y su crecimiento

Las comunidades virtuales están experimentando un rápido crecimiento dentro del paisaje en evolución del metaverso. A medida que los individuos buscan conexiones más profundas y significativas en los espacios virtuales, estas comunidades se están expandiendo para ofrecer diversas oportunidades de interacción social, colaboración y creatividad. Con el avance de las tecnologías inmersivas, como la realidad virtual y la realidad aumentada, los usuarios pueden ahora participar en comunidades virtuales que ofrecen una sensación de presencia y experiencias compartidas como nunca antes había sido posible. Estos espacios virtuales no sólo facilitan las reuniones sociales y el entretenimiento, sino que también permiten el trabajo y la educación a distancia de formas que antes eran inimaginables. A medida que estas comunidades siguen creciendo, presentan nuevos retos y oportunidades, desde fomentar la inclusividad y abordar cuestiones de privacidad y seguridad hasta explorar el potencial de formas innovadoras de comercio y propiedad digital. La expansión de las comunidades virtuales dentro del metaverso significa un cambio transformador en la forma en que las personas se relacionan con la tecnología y entre sí, configurando el futuro de las interacciones sociales y la conectividad digital.

Tipos de interacciones sociales en el metaverso

Al explorar los tipos de interacciones sociales en el metaverso, se hace evidente que este espacio virtual ofrece una amplia gama de posibilidades para conectar con los demás de formas que superan a las plataformas online tradicionales. En el metaverso, los individuos pueden entablar conversaciones en tiempo real, colaborar en proyectos y asistir juntos a eventos virtuales, fomentando un sentimiento de comunidad y experiencias compartidas que trascienden las limitaciones físicas. Este entorno inmersivo permite que las interacciones sociales sean más dinámicas, atractivas y multidimensionales, permitiendo a los usuarios interactuar no sólo mediante texto o vídeo, sino también mediante avatares, entornos virtuales e incluso dispositivos de realidad virtual. El metaverso presenta una oportunidad única para que las personas forjen conexiones significativas, construyan relaciones y participen en actividades sociales que desdibujan las líneas entre los mundos físico y digital, ofreciendo una visión de un futuro en el que las interacciones sociales se reimaginan y redefinen.

Comparación con los medios sociales tradicionales

Al comparar el metaverso con los medios sociales tradicionales, es evidente que el primero ofrece una experiencia más inmersiva e interactiva. Mientras que las plataformas tradicionales de medios sociales como Facebook y Twitter ofrecen vías de comunicación e intercambio de contenidos, el metaverso va un paso más allá creando mundos virtuales donde los usuarios pueden relacionarse entre sí en tiempo real a través de avatares y explorar paisajes virtuales. Este cambio de plataformas 2D a entornos inmersivos 3D abre nuevas posibilidades para las interacciones sociales, permitiendo experiencias más significativas y atractivas. A diferencia de los medios sociales tradicionales, el metaverso difumina las fronteras entre el mundo físico y el digital, ofreciendo un enfoque más holístico de la socialización y la conexión con los demás. Además, el metaverso permite un nivel de personalización que no tienen las plataformas de redes sociales tradicionales, permitiendo a los usuarios crear identidades y espacios únicos que reflejen su individualidad. En última instancia, la comparación con los medios sociales tradicionales pone de relieve el potencial transformador del metaverso para remodelar la forma en que interactuamos y socializamos en la era digital.

V. EXPERIENCIAS INMERSIVAS Y REALISMO

El metaverso promete proporcionar experiencias inmersivas distintas a todo lo que hemos encontrado antes, ofreciendo un nivel de realismo que trasciende las plataformas online actuales. Al sumergir a los usuarios en espacios virtuales que difuminan los límites entre los reinos físico y digital, el metaverso tiene el potencial de revolucionar las interacciones sociales. La capacidad de relacionarse con otros en entornos virtuales que simulan las interacciones del mundo real puede dar lugar a conexiones más ricas y profundas. Estas experiencias inmersivas pueden extenderse también a diversos aspectos de la vida cotidiana, como el trabajo a distancia, la educación, el entretenimiento y las reuniones sociales, proporcionando un entorno más atractivo e interactivo. Sin embargo, a medida que profundizamos en estas experiencias inmersivas, cada vez es más importante abordar cuestiones relacionadas con la privacidad, la seguridad de los datos y la identidad digital, garantizando que los usuarios estén protegidos mientras navegan por estos espacios virtuales realistas. A la hora de encontrar el equilibrio entre realismo y privacidad, el metaverso plantea un reto único que debe afrontarse con cuidado para maximizar sus ventajas y minimizar los riesgos potenciales.

Mejorar la percepción sensorial virtualmente

Mejorar la percepción sensorial virtualmente en el metaverso abre un abanico de posibilidades para que las personas se involucren profundamente con los entornos digitales. Aprovechando tecnologías avanzadas como la realidad aumentada y la realidad virtual, los usuarios pueden sumergirse en mundos visualmente impresionantes e interactivos que estimulan los sentidos de formas nuevas y emocionantes. Estas experiencias sensoriales mejoradas tienen el potencial de revolucionar la forma en que percibimos e interactuamos con los contenidos en línea, ya sea mediante visitas virtuales a lugares históricos, simulaciones educativas inmersivas o reuniones sociales realistas en espacios virtuales. La capacidad de personalizar y mejorar nuestras percepciones sensoriales en el metaverso ofrece un nivel de compromiso y conexión sin precedentes que puede enriquecer nuestras interacciones en línea y crear experiencias verdaderamente memorables. A medida que sigamos explorando el potencial de mejorar la percepción sensorial virtualmente, sin duda descubriremos nuevas formas de ampliar los límites de lo posible en los entornos digitales, abriendo un mundo de posibilidades infinitas para la creatividad, la colaboración y la innovación.

El impacto psicológico de la inmersión

El impacto psicológico de la inmersión en el metaverso es un aspecto crucial a tener en cuenta cuando las personas navegan por entornos virtuales que desdibujan los límites entre realidad y simulación. Este mayor nivel de inmersión puede dar lugar a una serie de experiencias psicológicas, desde una mayor sensación de presencia y compromiso hasta un posible desapego del mundo físico. A medida que los usuarios invierten más tiempo y energía en el metaverso, también puede aumentar el potencial de apego emocional a los espacios y relaciones virtuales. Esto puede repercutir en el propio sentido de identidad y conexión social, planteando cuestiones sobre la naturaleza de las interacciones en línea y su importancia en la configuración de nuestro bienestar mental. Además, la exposición constante a entornos digitales inmersivos podría dar lugar a problemas como la adicción, la disociación y la difuminación de los límites entre el mundo real y el virtual. Por tanto, es esencial comprender y abordar las implicaciones psicológicas de la inmersión en el metaverso para garantizar una relación equilibrada y sana con la realidad virtual.

La línea que separa la realidad virtual de la física

La línea que separa la realidad virtual de la física es un tema central en la exploración del metaverso. A medida que este espacio virtual colectivo sigue evolucionando, la distinción entre el reino digital y el mundo tangible se hace cada vez más difusa. Las experiencias inmersivas que ofrece el metaverso van más allá de las interacciones online tradicionales, presentando nuevas oportunidades de trabajo a distancia, educación, entretenimiento y compromiso social. Sin embargo, esta convergencia de la realidad virtual y física plantea importantes cuestiones sobre la privacidad, la seguridad de los datos y la identidad digital. A medida que las personas pasan más tiempo en entornos virtuales, salvaguardar la información personal y gestionar las identidades digitales se convierte en algo primordial. Además, garantizar la inclusividad y la accesibilidad en el metaverso es esencial para evitar perpetuar las desigualdades y prevenir el acoso. Las implicaciones del metaverso se extienden a la economía, con la aparición de nuevos mercados de bienes y servicios virtuales, así como el comercio de activos digitales como los NFT. Las consideraciones éticas y filosóficas también pasan a primer plano cuando navegamos por las complejidades de la identidad, la comunidad y la propiedad en este paisaje digital en evolución. En esencia, el metaverso desafía nuestras percepciones y límites entre el mundo real y el virtual, provocando una reevaluación de cómo interactuamos con la tecnología y entre nosotros.

VI. EL TRABAJO A DISTANCIA

El auge del trabajo a distancia se ha visto acelerado por la aparición del metaverso, que ofrece a las personas una nueva forma de colaborar y participar en actividades profesionales sin estar físicamente presentes en el mismo lugar. Este cambio en el entorno de trabajo tradicional se ha visto facilitado por los avances en la tecnología de realidad virtual, que permiten a los equipos conectarse y trabajar juntos en espacios virtuales que imitan las oficinas físicas. El metaverso ofrece a los empleados remotos la oportunidad de interactuar de forma más envolvente y atractiva, fomentando una sensación de presencia y cercanía que a menudo puede faltar en las configuraciones tradicionales de trabajo a distancia. Este espacio de trabajo virtual no sólo mejora la productividad y la eficiencia, sino que también abre nuevas posibilidades para la colaboración creativa y la innovación. A medida que las organizaciones siguen adoptando el metaverso como herramienta para el trabajo a distancia, es esencial abordar retos como la fatiga digital, el mantenimiento del equilibrio entre la vida laboral y personal, y la garantía de que existen medidas de ciberseguridad para proteger la información sensible. En última instancia, la integración del trabajo a distancia y el metaverso tiene el potencial de revolucionar la forma en que abordamos el trabajo y las relaciones profesionales, ofreciendo una visión del futuro de una fuerza de trabajo más interconectada y habilitada digitalmente.

Oficinas virtuales y espacios de colaboración

Las oficinas virtuales y los espacios de colaboración están surgiendo como características clave del metaverso, presentando nuevas oportunidades para el trabajo a distancia y la comunicación interconectada. Mediante la creación de entornos de trabajo virtuales que simulan oficinas físicas, las personas pueden participar en proyectos de colaboración, reuniones y actividades en red desde cualquier lugar del mundo. Estos espacios ofrecen una sensación de presencia e inmersión de la que carecen las herramientas tradicionales de videoconferencia, haciendo que las interacciones sean más atractivas y personales. Además, las oficinas virtuales pueden mejorar la productividad, fomentar la creatividad y facilitar una comunicación fluida entre los miembros del equipo. Los espacios de colaboración virtual del metaverso tienen el potencial de revolucionar nuestra forma de trabajar, derribando las barreras de la distancia y las zonas horarias para permitir que los equipos globales colaboren eficazmente. A medida que la tecnología siga avanzando, estos entornos virtuales se convertirán probablemente en componentes integrales de los lugares de trabajo modernos, proporcionando una visión del futuro del trabajo a distancia y la interacción corporativa.

Impacto en la dinámica de equipo y la comunicación

El impacto del metaverso en la dinámica de equipo y la comunicación es un aspecto clave a tener en cuenta para comprender sus posibles implicaciones. A medida que las personas se sumergen en entornos virtuales para trabajar, formarse o interactuar socialmente, la dinámica de los equipos puede cambiar para adaptarse a este nuevo medio. Los espacios virtuales ofrecen oportunidades únicas de colaboración y comunicación, permitiendo a los miembros del equipo interactuar sin problemas independientemente de la ubicación física. Esto puede fomentar un sentido de inclusión y conectividad entre los miembros del equipo, especialmente en equipos distribuidos globalmente. Sin embargo, la falta de presencia física y de señales no verbales en el metaverso puede plantear dificultades a la hora de comprender las emociones y las intenciones, lo que puede dar lugar a errores de comunicación o malentendidos. Unas habilidades de comunicación eficaces y unas directrices claras para las interacciones virtuales serán cruciales para mantener una dinámica de equipo productiva. En general, aunque el metaverso tiene el potencial de mejorar la colaboración y la creatividad de los equipos, será esencial considerar cuidadosamente las estrategias y dinámicas de comunicación para aprovechar sus ventajas y mitigar los posibles problemas.

El futuro del trabajo a distancia en entornos virtuales

El futuro del trabajo a distancia en entornos virtuales es un tema de creciente relevancia e interés en el panorama en evolución del metaverso. A medida que la tecnología sigue avanzando y los espacios virtuales se vuelven más inmersivos e interconectados, el potencial para que el trabajo a distancia se convierta en un modo predominante de empleo es cada vez más evidente. La posibilidad de colaborar con compañeros, asistir a reuniones y acceder a recursos desde cualquier lugar del mundo es muy prometedora para aumentar la flexibilidad y la eficacia de la mano de obra. Además, la integración de las tecnologías de realidad virtual y realidad aumentada en los entornos de trabajo a distancia puede crear experiencias más atractivas e interactivas, que conduzcan a mayores niveles de productividad y satisfacción laboral. Aunque hay retos que superar, como garantizar la seguridad de los datos y mantener un equilibrio saludable entre trabajo y vida privada, el futuro del trabajo a distancia en entornos virtuales presenta oportunidades apasionantes para remodelar la forma en que trabajamos e interactuamos en un mundo cada vez más digital.

VII. EDUCACIÓN Y APRENDIZAJE

La educación y el aprendizaje en el metaverso representan un cambio innovador en la forma de adquirir y compartir conocimientos. La naturaleza inmersiva de los entornos virtuales ofrece oportunidades sin precedentes para el aprendizaje experimental, las simulaciones y las experiencias educativas interactivas. Los alumnos pueden abordar conceptos complejos de forma práctica, explorando mundos virtuales y escenarios que serían difíciles o imposibles de reproducir en el ámbito físico. Esto puede mejorar la retención, la comprensión y el compromiso, lo que en última instancia conduce a una experiencia de aprendizaje más eficaz. Además, el metaverso puede romper las barreras geográficas, conectando a estudiantes y educadores de todo el mundo en aulas virtuales que trascienden las limitaciones físicas. Sin embargo, habrá que considerar cuidadosamente retos como garantizar un acceso equitativo a los recursos educativos, abordar las preocupaciones sobre la privacidad y la seguridad de los datos, y navegar por las implicaciones éticas de los entornos virtuales de aprendizaje. A pesar de estos retos, la educación en el metaverso es inmensamente prometedora para configurar el futuro del aprendizaje y la difusión del conocimiento.

Aulas virtuales y aprendizaje interactivo

Las aulas virtuales y el aprendizaje interactivo son componentes integrales del metaverso, ya que ofrecen experiencias educativas transformadoras que salvan la distancia entre los mundos físico y digital. En estos espacios virtuales, los estudiantes pueden participar en simulaciones inmersivas, proyectos colaborativos e interacciones en tiempo real con compañeros e instructores de todo el mundo. El uso de tecnologías de realidad virtual y realidad aumentada permite a los alumnos explorar conceptos complejos de forma práctica, mejorando su comprensión y retención de la información. Además, elementos interactivos como la gamificación y las herramientas de aprendizaje personalizado se adaptan a los estilos de aprendizaje individuales y fomentan el compromiso de los estudiantes. A medida que el metaverso sigue evolucionando, el potencial de las aulas virtuales para revolucionar los paradigmas de la educación tradicional es enorme, y ofrece una visión de un futuro en el que el aprendizaje es dinámico, interactivo y accesible para todos. Mediante las aulas virtuales y el aprendizaje interactivo, el metaverso tiene el poder de democratizar la educación, trascender las fronteras geográficas y cultivar una nueva era de alfabetización digital e innovación.

Oportunidades para el acceso educativo global

Las oportunidades de acceso global a la educación dentro del metaverso suponen una revolución potencial en el aprendizaje. Con la capacidad de trascender las fronteras geográficas y las limitaciones físicas, personas de orígenes diversos pueden acceder a una educación de calidad como nunca antes. Las aulas virtuales y las simulaciones interactivas ofrecen experiencias de aprendizaje inmersivas que se adaptan a diversos estilos y preferencias de aprendizaje, fomentando un entorno educativo dinámico y atractivo. Además, el metaverso puede proporcionar acceso a educadores expertos y a recursos que pueden no estar disponibles localmente, garantizando que los estudiantes tengan acceso a los últimos conocimientos y avances en su campo de estudio. Esta democratización de la educación a través del metaverso tiene el potencial de salvar la distancia entre las comunidades privilegiadas y las marginadas, dotando a los individuos de las herramientas y los conocimientos necesarios para triunfar en un mundo cada vez más digital. Al aprovechar las capacidades del metaverso con fines educativos, podemos crear un entorno de aprendizaje más inclusivo y equitativo para todos, desbloqueando nuevas oportunidades de crecimiento personal y profesional a escala mundial.

Retos en los entornos de educación virtual

En los entornos de educación virtual dentro del metaverso, hay varios retos clave que deben abordarse. Uno de ellos es la cuestión de la accesibilidad y la inclusión. Puede que no todo el mundo disponga de los recursos o habilidades necesarios para navegar eficazmente por las plataformas virtuales, lo que puede provocar una brecha digital en las oportunidades educativas. Además, la educación virtual puede carecer del toque personal y la respuesta inmediata que ofrecen las aulas tradicionales, lo que dificulta que los estudiantes se comprometan plenamente con el material. Además, garantizar la seguridad y privacidad de los datos de los alumnos en entornos virtuales plantea importantes problemas, ya que las plataformas en línea pueden ser susceptibles de piratería informática y violación de datos. Para hacer frente a estos retos, los educadores y desarrolladores deben dar prioridad a la creación de interfaces fáciles de usar, la aplicación de medidas de seguridad sólidas y la prestación de un apoyo adecuado a todos los usuarios, independientemente de su formación o capacidades. Superando estos obstáculos, la educación virtual dentro del metaverso puede convertirse en una poderosa herramienta para mejorar las experiencias de aprendizaje y ampliar las oportunidades educativas de los estudiantes de todo el mundo.

VIII. ACTIVIDADES DE ENTRETENIMIENTO Y OCIO

Las actividades de entretenimiento y ocio desempeñan un papel crucial en el metaverso, ya que ofrecen a los usuarios una amplia gama de experiencias virtuales y oportunidades de interacción social. En este entorno digital inmersivo, las personas pueden participar en conciertos virtuales, proyecciones de películas, acontecimientos deportivos y experiencias de juego interactivas que desdibujan los límites entre las realidades física y digital. Estas actividades no sólo proporcionan entretenimiento, sino que también sirven como vías para socializar, establecer contactos y formar conexiones significativas con otras personas en espacios virtuales. A medida que el metaverso sigue expandiéndose y evolucionando, el potencial de nuevas formas de actividades de ocio y entretenimiento es ilimitado, creando un mundo virtual dinámico e interactivo donde los usuarios pueden explorar, crear y participar en multitud de experiencias que se adaptan a sus intereses y preferencias. La integración de actividades de entretenimiento y ocio en el metaverso no sólo mejora la experiencia general del usuario, sino que también contribuye al desarrollo y crecimiento de este paisaje digital emergente.

Conciertos, eventos y turismo virtual

Los conciertos virtuales, los eventos y el turismo son áreas que han experimentado un cambio significativo con el auge del metaverso. La posibilidad de asistir en directo a conciertos, conferencias o explorar nuevos destinos virtualmente abre un mundo de posibilidades. Los eventos virtuales permiten que personas de todo el mundo se reúnan en un espacio digital compartido, trascendiendo las fronteras físicas y creando un sentimiento de unidad. Además, el turismo virtual ofrece una experiencia única en la que los individuos pueden explorar lugares que quizá no tengan la oportunidad de visitar en persona. Esta nueva forma de turismo no sólo proporciona una opción rentable, sino que también fomenta la sostenibilidad medioambiental al reducir las emisiones de carbono asociadas a los viajes. Sin embargo, estas experiencias virtuales también plantean cuestiones sobre la autenticidad y el impacto en las formas tradicionales de entretenimiento y turismo. A medida que el metaverso siga desarrollándose, será crucial encontrar un equilibrio entre la comodidad y accesibilidad de las experiencias virtuales y el valor de las interacciones y experiencias de viaje en persona.

Los juegos y el papel del juego en el vínculo social

Hace tiempo que se reconoce que el juego es una poderosa herramienta de vinculación social, que ofrece a los jugadores una experiencia compartida que fomenta el trabajo en equipo, la competición y la camaradería. En el contexto del metaverso, el juego adquiere una nueva dimensión, ya que los individuos pueden interactuar y conectar con otros en mundos virtuales que trascienden las limitaciones físicas. El papel del juego en la vinculación social se acentúa aún más en estos entornos inmersivos, donde los individuos pueden participar en actividades colaborativas, explorar nuevos mundos y entablar relaciones significativas con los demás. A través de experiencias de juego compartidas, los jugadores pueden desarrollar confianza, habilidades de comunicación y un sentimiento de pertenencia a la comunidad virtual. El metaverso ofrece una plataforma única para que las personas se unan, derriben barreras y forjen conexiones basadas en intereses y experiencias comunes. A medida que más gente adopte el metaverso como espacio de interacción social, el papel de los juegos como facilitadores del vínculo social está llamado a ser aún más significativo, moldeando la forma en que nos conectamos y relacionamos con los demás en la era digital.

Nuevas formas de narración y creación de contenidos

La aparición del metaverso está dando paso a una nueva era de narración y creación de contenidos que no se parece a nada que hayamos visto antes. A medida que los entornos virtuales se vuelven más inmersivos e interconectados, crece la demanda de formas innovadoras de atraer y cautivar al público. Este cambio hacia nuevas formas de narración abre oportunidades apasionantes para que los creadores experimenten con narrativas interactivas, mundos virtuales y contenidos dinámicos que trascienden los límites tradicionales. Desde instalaciones artísticas virtuales hasta experiencias interactivas que desdibujan la línea entre realidad y ficción, el metaverso es un campo de juego para la expresión y la exploración creativas. Con la capacidad de dar forma y moldear los paisajes digitales de maneras antes inimaginables, los narradores y creadores de contenidos están preparados para revolucionar la forma en que consumimos e interactuamos con los medios. Al aprovechar el potencial ilimitado del metaverso, los creadores tienen el poder de redefinir la forma en que experimentamos las historias, conectamos con los demás y damos forma a nuestra comprensión del mundo que nos rodea.

IX. REUNIONES Y EVENTOS SOCIALES

En el ámbito de las reuniones y acontecimientos sociales del metaverso, surge una nueva frontera de posibilidades para la interacción humana. Las reuniones tradicionales, como fiestas, conferencias o conciertos, pueden transformarse ahora en experiencias digitales inmersivas, que permiten a las personas conectarse y participar de formas antes inimaginables. A través de los espacios virtuales, personas de distintos rincones del mundo pueden reunirse, compartir ideas y formar comunidades sin las limitaciones de la distancia física. Estos eventos ofrecen una mezcla única de interacción social, creatividad y entretenimiento que puede redefinir la forma en que percibimos y nos implicamos en las reuniones sociales. Sin embargo, el metaverso también presenta retos relacionados con la privacidad, la seguridad y la inclusividad que deben afrontarse con cuidado para garantizar una experiencia positiva y segura para todos los participantes. Mientras navegamos por este nuevo paisaje de socialización en entornos virtuales, es vital considerar las implicaciones y complejidades de esta evolución digital en nuestro tejido social.

Acoger y asistir a eventos virtuales

En el ámbito de los eventos virtuales dentro del metaverso, el concepto de acoger y asistir adquiere una nueva dimensión que trasciende las reuniones online tradicionales. Los eventos virtuales ofrecen una oportunidad única para que las personas conecten en entornos digitales inmersivos, fomentando interacciones que van más allá de las videollamadas básicas y las plataformas de redes sociales. Los anfitriones pueden diseñar espacios personalizados que se adapten a temas o intereses específicos, creando una experiencia más atractiva y personalizada para los asistentes. Además, los participantes tienen libertad para explorar estos espacios virtuales, interactuar con otros en tiempo real y participar en actividades que imitan las interacciones de la vida real. El nivel de personalización e interactividad de los eventos virtuales abre las puertas a más oportunidades de creatividad, colaboración y creación de comunidad. Al organizar y asistir a eventos virtuales en el metaverso, las personas pueden experimentar una nueva forma de socializar que difumina la línea entre las interacciones físicas y digitales, revolucionando la forma en que nos conectamos y relacionamos con los demás en un mundo tecnológicamente avanzado.

Acontecimientos culturales y sociales en el metaverso

Los acontecimientos culturales y sociales en el metaverso representan un aspecto fascinante de este espacio virtual emergente. A medida que los individuos habitan cada vez más en entornos digitales, van tomando forma nuevas formas de interacción y de creación de comunidades. Los actos, reuniones y actividades virtuales ofrecen oportunidades únicas de conexión y compromiso que trascienden las limitaciones físicas. Desde conciertos y exposiciones de arte virtuales hasta conferencias y reuniones sociales en línea, el metaverso se está convirtiendo en un paisaje cultural rico y diverso. Estos eventos no sólo proporcionan entretenimiento y socialización, sino que también fomentan la creatividad, la colaboración y las experiencias compartidas. A medida que el metaverso siga evolucionando, es probable que los actos culturales y sociales que se celebren en él se vuelvan más intrincados e inmersivos, ofreciendo nuevas formas de que los individuos se expresen, conecten con los demás y participen en una comunidad global. Así pues, explorar y comprender el impacto de los acontecimientos culturales y sociales en el metaverso puede aportar valiosas ideas sobre la naturaleza cambiante de las interacciones sociales y el papel de la tecnología en la configuración de nuestras experiencias colectivas.

Impacto en la planificación y gestión de eventos

En el ámbito de la planificación y gestión de eventos, el metaverso puede suponer un cambio revolucionario en la forma de organizar y ejecutar reuniones y experiencias. Con las capacidades inmersivas e interactivas de los espacios virtuales, los organizadores de eventos pueden crear entornos dinámicos y atractivos que trasciendan las limitaciones de los lugares físicos. Desde conferencias virtuales y lanzamientos de productos hasta festivales de música y exposiciones de arte, el metaverso ofrece una nueva dimensión para la creatividad y la participación del público. Los asistentes pueden participar desde cualquier parte del mundo, rompiendo las barreras geográficas y permitiendo un público más diverso e inclusivo. Esto presenta oportunidades apasionantes para que los organizadores lleguen a un público global y personalicen las experiencias de formas que antes eran inimaginables. Sin embargo, este nuevo potencial conlleva el reto de garantizar la seguridad de los datos, la privacidad y la accesibilidad de todos los participantes. Los organizadores de eventos tendrán que sortear estas complejidades para aprovechar todas las posibilidades del metaverso, respetando al mismo tiempo las normas éticas y proporcionando una experiencia segura y agradable a todos los participantes. A medida que el metaverso siga evolucionando, su impacto en la planificación y gestión de eventos determinará sin duda el futuro de cómo nos reunimos, celebramos y conectamos en la era digital.

X. IDENTIDAD Y REPRESENTACIÓN DIGITAL

La identidad y la representación digital en el metaverso desempeñan un papel fundamental en la configuración de la forma en que los individuos se presentan y conectan con los demás en los entornos virtuales. A medida que las personas se sumergen en este espacio virtual colectivo, sus identidades digitales se entrelazan cada vez más con sus personas físicas. Esta fusión plantea cuestiones intrigantes sobre la autenticidad, la privacidad y la autoexpresión en las interacciones en línea. Los usuarios pueden elegir crear personajes digitales que difieran de su yo real, desdibujando los límites entre realidad y virtualidad. Además, la gestión de los datos personales y la protección de las identidades digitales se convierten en preocupaciones clave a medida que se generalizan las interacciones virtuales. El metaverso desafía las nociones tradicionales de identidad y representación, empujando a los individuos a explorar nuevas formas de expresarse y forjar conexiones en un paisaje digital. A medida que este mundo virtual siga evolucionando, el impacto de la identidad digital en las interacciones sociales configurará sin duda el futuro de la comunicación en línea y la construcción de comunidades de formas profundas.

Avatares y expresión personal

Los avatares desempeñan un papel crucial en la configuración de la expresión personal dentro del metaverso. Estas representaciones digitales de los usuarios sirven como poderoso medio para que los individuos proyecten sus identidades en los espacios virtuales. Los avatares ofrecen una amplia gama de opciones de personalización, que permiten a los usuarios adaptar su apariencia, ropa y accesorios para reflejar sus personalidades y preferencias únicas. A través de los avatares, la gente puede experimentar con distintos personajes, expresar su creatividad e implicarse en el autodescubrimiento. Esta capacidad de crear una imagen digital de sí mismo es especialmente poderosa para las personas que pueden enfrentarse a restricciones o limitaciones en el mundo físico. Como resultado, los avatares permiten a los usuarios explorar nuevos aspectos de sí mismos, participar en interacciones sociales y formar conexiones significativas con otros en el metaverso. Al encarnar avatares, los individuos tienen la libertad de trascender los límites tradicionales de identidad, género, edad y etnia, fomentando un entorno virtual más inclusivo y diverso para todos los participantes. En esencia, los avatares sirven como herramientas dinámicas para la expresión personal y la autorrepresentación, desempeñando un papel central en la configuración del paisaje social del metaverso.

Cuestiones de autenticidad y anonimato

Las cuestiones de autenticidad y anonimato son fundamentales en los debates sobre el metaverso. En este reino virtual, los individuos tienen la oportunidad de crear y conservar sus personajes digitales, lo que plantea cuestiones sobre la autenticidad de sus interacciones e identidades. Por un lado, el anonimato que ofrece el metaverso puede liberar a los usuarios de las limitaciones de sus identidades en el mundo físico, permitiendo una mayor exploración y autoexpresión. Sin embargo, esto también puede dar lugar a dilemas éticos, ya que los individuos pueden engañar a otros o adoptar comportamientos perjudiciales tras el velo del anonimato. Por otra parte, la búsqueda de la autenticidad en el metaverso puede verse obstaculizada por la facilidad con la que los usuarios pueden crear falsos personajes o manipular su presencia digital. Equilibrar el deseo de libertad de expresión con la necesidad de responsabilidad y transparencia supone un reto a la hora de establecer un entorno virtual seguro y digno de confianza. A medida que el metaverso siga evolucionando, abordar estas cuestiones será crucial para garantizar interacciones sociales responsables y respetuosas dentro de este espacio digital.

Gestión de la identidad digital

En el floreciente reino del metaverso, la gestión de la identidad digital surge como un aspecto crítico que requiere una cuidadosa consideración. A medida que los individuos se sumergen en entornos virtuales para el trabajo, la educación y las interacciones sociales, la necesidad de salvaguardar la información personal y navegar por las identidades en línea se convierte en primordial. Con el potencial de experiencias más profundas y envolventes en los espacios virtuales, aumentan los riesgos de violaciones de la privacidad y las vulnerabilidades de la seguridad de los datos. Además, garantizar la inclusividad y la accesibilidad en el metaverso es esencial para evitar las desigualdades y el acoso. La economía del metaverso también depende de una gestión eficaz de la identidad digital, ya que el comercio y la propiedad de activos virtuales como los NFTs y los terrenos virtuales introducen nuevas formas de comercio. Esta rápida evolución de las interacciones digitales provoca una reevaluación de los conceptos tradicionales de identidad, comunidad y propiedad, subrayando los intrincados dilemas éticos y filosóficos que acompañan al auge del metaverso. A medida que el metaverso siga configurando nuestro paisaje digital, abordar estos retos será crucial para aprovechar su potencial transformador y, al mismo tiempo, mitigar sus inconvenientes.

XI. PROBLEMAS DE PRIVACIDAD

Los problemas de privacidad en el metaverso son una cuestión acuciante que debe abordarse cuidadosamente a medida que este espacio virtual siga expandiéndose y evolucionando. Con la creciente cantidad de tiempo que la gente pasa en entornos digitales, la protección de la información personal y la gestión de la identidad digital se convierten en primordiales. En un mundo en el que las experiencias virtuales se entrelazan con las interacciones de la vida real, las personas se enfrentan al reto de salvaguardar sus datos de posibles violaciones y accesos no autorizados. Además, el metaverso plantea cuestiones sobre los límites entre los espacios públicos y privados, ya que las líneas se difuminan entre los mundos físico y virtual. Garantizar que los usuarios tengan control sobre su información personal, limitar la recopilación de datos y aplicar medidas de seguridad sólidas son pasos esenciales para salvaguardar la privacidad en este nuevo panorama digital. Mientras navegamos por las complejidades del metaverso, es crucial dar prioridad a las cuestiones de privacidad para construir un entorno seguro para todos los participantes.

Recogida de datos y vigilancia

La recopilación de datos y la vigilancia desempeñan un papel fundamental en el desarrollo y funcionamiento del metaverso. Con la enorme cantidad de información que se genera en los entornos virtuales, existe una necesidad acuciante de prácticas eficaces de recogida de datos para comprender el comportamiento, las preferencias y las interacciones de los usuarios dentro de estos espacios digitales. También se emplean mecanismos de vigilancia para garantizar la seguridad, evitar abusos y mantener el orden en el metaverso. Sin embargo, esto suscita preocupaciones sobre la privacidad, la seguridad de los datos y el posible uso indebido de la información personal. A medida que las personas participan cada vez más en experiencias virtuales, las cuestiones sobre la identidad digital y la protección de los datos personales se vuelven primordiales. Lograr un equilibrio entre la recopilación de datos con fines funcionales y la salvaguarda de la privacidad individual es crucial para un metaverso sostenible y equitativo. Aplicar políticas de datos transparentes, técnicas de encriptación sólidas y mecanismos de consentimiento del usuario puede ayudar a mitigar los riesgos asociados a la recopilación de datos y la vigilancia en el metaverso, fomentando un entorno virtual fiable y seguro para todos los usuarios.

Consentimiento del usuario y control de la información personal

Al considerar el impacto del metaverso en las interacciones sociales, la cuestión del consentimiento del usuario y el control sobre la información personal surge como una preocupación crítica. A medida que los individuos se sumergen en entornos virtuales, la necesidad de proteger sus datos personales y gestionar sus identidades digitales se hace más acuciante. Los usuarios deben tener la capacidad de determinar quién tiene acceso a su información, cómo se utiliza y hasta qué punto se comparte dentro del metaverso. Sin mecanismos adecuados de consentimiento y control, existe el riesgo de que se produzcan violaciones de la privacidad, explotación de datos y robo de identidad. Por tanto, garantizar que los usuarios tengan autonomía para tomar decisiones informadas sobre su información personal es esencial para salvaguardar su bienestar digital en el metaverso. Al establecer directrices claras, normativas y soluciones tecnológicas que capaciten a los usuarios para mantener el control sobre sus datos, el metaverso puede fomentar un entorno más seguro y digno de confianza para que prosperen las interacciones sociales.

Equilibrar la privacidad con la conectividad social

Equilibrar la privacidad con la conectividad social en el contexto del metaverso plantea un reto complejo y polifacético. A medida que las personas se sumergen en entornos virtuales para trabajar, socializar y divertirse, la línea que separa la información pública de la privada se difumina. Lograr un equilibrio entre compartir datos personales en línea y proteger la privacidad es crucial en este panorama digital. Con la posibilidad de interacciones más ricas y envolventes en el metaverso, también aumentan los riesgos de violación de datos, robo de identidad y acoso en línea. Cuando las personas navegan por estos espacios virtuales, deben estar atentas para salvaguardar su información personal sin dejar de relacionarse con los demás y establecer conexiones. Encontrar formas de mantener las normas de privacidad, hacer cumplir los reglamentos y capacitar a las personas para controlar sus identidades digitales será esencial para garantizar que el metaverso siga siendo un espacio seguro e inclusivo para todos los usuarios. En última instancia, lograr este equilibrio requerirá un esfuerzo concertado de los individuos, las empresas tecnológicas, los responsables políticos y la sociedad en su conjunto para dar prioridad a la privacidad y, al mismo tiempo, aprovechar los beneficios de la conectividad social en el metaverso.

XII. RETOS DE SEGURIDAD

En el panorama en rápida evolución del metaverso, los retos de seguridad se perfilan como una preocupación crítica que debe abordarse para garantizar un entorno virtual seguro y digno de confianza. A medida que las personas se sumergen en este reino digital, se hace más urgente la necesidad de salvaguardar los datos personales, garantizar la privacidad y gestionar las identidades digitales. La posibilidad de que actores malintencionados exploten las vulnerabilidades del metaverso plantea profundas cuestiones sobre ciberseguridad y protección de datos. Crear un espacio seguro e inclusivo para todos los usuarios es esencial para evitar cualquier forma de discriminación, acoso o desigualdad en las interacciones virtuales. A medida que el metaverso sigue expandiéndose e integrándose en diversos aspectos de la vida cotidiana, desde el trabajo hasta el entretenimiento, no puede subestimarse la importancia de unas medidas de seguridad sólidas. Encontrar soluciones eficaces a estos retos de seguridad será crucial para dar forma a un metaverso que no sólo sea innovador e inmersivo, sino también seguro y éticamente sólido.

Amenazas a la ciberseguridad en entornos virtuales

En los entornos virtuales, las amenazas a la ciberseguridad se ciernen sobre ellos, planteando riesgos significativos tanto para los individuos como para las empresas. La naturaleza interconectada del metaverso abre vías para que los actores maliciosos exploten las vulnerabilidades y comprometan los datos sensibles. Desde estafas de phishing a ataques de malware, el paisaje virtual es terreno fértil para que proliferen las ciberamenazas. A medida que más personas se sumergen en los espacios digitales, la importancia de salvaguardar la información personal y los activos digitales se vuelve primordial. Deben reforzarse las medidas de ciberseguridad para garantizar la integridad y seguridad de las interacciones virtuales, protegiendo contra la violación de datos, el robo de identidades y el fraude financiero. A medida que el metaverso se expande y evoluciona, la necesidad de prácticas sólidas de ciberseguridad se hará más acuciante, exigiendo enfoques proactivos para mitigar los riesgos y mejorar la seguridad en los reinos digitales. Al abordar las amenazas a la ciberseguridad de frente, las personas y las organizaciones pueden navegar por el mundo virtual con confianza y tranquilidad.

Proteger los bienes y activos digitales

En el vasto paisaje del metaverso, salvaguardar los bienes y activos digitales adquiere una importancia capital para garantizar un entorno seguro y digno de confianza para los usuarios. A medida que los individuos se sumergen en espacios virtuales para trabajar, educarse, socializar y entretenerse, la necesidad de proteger la información personal y gestionar la identidad digital se vuelve crucial. El rápido crecimiento del metaverso introduce nuevos retos en la seguridad de los datos y la privacidad, que requieren medidas sólidas para impedir el acceso no autorizado o la explotación de información sensible. Además, el auge de las economías virtuales y el comercio de activos digitales como los NFTs ponen de relieve la importancia de establecer normativas y marcos claros que regulen la propiedad y las transacciones en estos entornos dinámicos. A medida que el metaverso difumina las líneas entre las experiencias reales y virtuales, las personas deben navegar por dilemas éticos relativos a la identidad, la comunidad y los derechos de propiedad virtual, lo que subraya la necesidad de salvaguardias proactivas para promover la transparencia, la equidad y la inclusión en este paisaje digital en evolución.

Seguridad del usuario y prevención del acoso

En el metaverso, la seguridad de los usuarios y la prevención del acoso son consideraciones vitales que deben abordarse para garantizar un entorno digital positivo e integrador. A medida que la gente participa cada vez más en espacios virtuales para trabajar, socializar y entretenerse, aumenta el riesgo de acoso en línea, ciberacoso y otras formas de comportamiento perjudicial. Las plataformas del metaverso deben aplicar medidas sólidas para proteger a los usuarios de tales amenazas, incluidas herramientas para denunciar y bloquear contenidos o usuarios inapropiados. Además, las comunidades virtuales deben establecer directrices y códigos de conducta claros para promover interacciones respetuosas y disuadir de comportamientos malintencionados. Educar a los usuarios sobre la seguridad en línea, promover la alfabetización digital y fomentar una cultura de respeto mutuo son pasos esenciales para crear un metaverso acogedor y seguro para todos los participantes. Al dar prioridad a la seguridad de los usuarios y a la prevención del acoso, el metaverso puede convertirse en un espacio en el que las personas se sientan capacitadas para expresarse libremente y conectar con los demás de forma positiva y significativa.

XIII. INCLUSIÓN Y ACCESIBILIDAD

En el panorama en evolución del metaverso, los principios de inclusividad y accesibilidad deben estar a la vanguardia de su desarrollo. Garantizar que todas las personas, independientemente de su origen o capacidades, puedan participar plenamente en el metaverso y beneficiarse de él es esencial para su éxito. Esto requiere no sólo diseñar espacios digitales accesibles para las personas con discapacidad, sino también crear entornos acogedores y seguros para todos. Al fomentar una cultura de inclusión, el metaverso tiene el potencial de derribar barreras y unir a las personas de formas que antes eran inimaginables. Sin embargo, esto también significa abordar los problemas de desigualdad, discriminación y acoso que pueden surgir en los espacios virtuales. Construir un metaverso que sea realmente inclusivo y accesible exigirá un esfuerzo concertado de desarrolladores, responsables políticos y usuarios por igual. Sólo trabajando juntos podremos hacer realidad todo el potencial del metaverso como fuerza transformadora y potenciadora para todos.

Diseñar para las diversas necesidades de los usuarios

Diseñar para las diversas necesidades de los usuarios en el metaverso es crucial para crear un mundo virtual inclusivo y accesible. Con la promesa de experiencias inmersivas que trascienden las plataformas actuales de medios sociales y juegos, es importante tener en cuenta cómo se relacionarán con esta tecnología en evolución los distintos usuarios con diferentes capacidades, preferencias y antecedentes. El diseño de la experiencia del usuario debe dar prioridad a las características de accesibilidad, como interfaces personalizables, funcionalidades de texto a voz y opciones para diferentes métodos de entrada, para garantizar que las personas con discapacidad puedan navegar y participar en el metaverso. Además, al diseñar los espacios virtuales deben tenerse en cuenta diversas perspectivas culturales, incorporando elementos que reflejen y respeten las tradiciones y creencias de las distintas comunidades. Al diseñar teniendo en cuenta las diversas necesidades de los usuarios, el metaverso tiene el potencial de convertirse en un entorno más acogedor e inclusivo para todos los usuarios, fomentando conexiones e interacciones significativas entre diferentes identidades y experiencias.

Superar las brechas y barreras digitales

En el contexto del metaverso y su impacto en las interacciones sociales, la cuestión de la superación de las brechas y barreras digitales surge como una consideración crucial. Dado que el metaverso promete revolucionar la forma en que nos conectamos y participamos en los espacios virtuales, es imperativo garantizar que estas oportunidades sean accesibles a todas las personas, independientemente de su origen o circunstancias. Abordar las brechas digitales implica salvar la distancia entre los que tienen acceso a tecnología avanzada y conectividad a Internet y los que no. Esto nos desafía a considerar cuestiones de asequibilidad, infraestructura y alfabetización digital que pueden impedir a ciertos grupos participar plenamente en la experiencia metaversal. Trabajando activamente para superar estas barreras, podemos crear un panorama digital más inclusivo y equitativo, en el que todos tengan la oportunidad de beneficiarse del potencial transformador del metaverso. Esto no sólo mejora las interacciones sociales dentro del reino virtual, sino que también contribuye a una sociedad más diversa y conectada en general.

Promover la participación equitativa en el metaverso

Promover la participación equitativa en el metaverso es un aspecto fundamental para garantizar que este nuevo reino digital beneficie a todas las personas, independientemente de su origen o circunstancias. A medida que el metaverso sigue expandiéndose y ofreciendo oportunidades de trabajo, educación, socialización y entretenimiento, es esencial abordar las posibles barreras que podrían impedir la igualdad de acceso y participación. Teniendo en cuenta de forma proactiva cuestiones como la alfabetización digital, el acceso a Internet, la asequibilidad de los dispositivos y la inclusión de las comunidades marginadas en el diseño y desarrollo de los espacios virtuales, podemos crear un metaverso más equitativo que fomente la diversidad y la representación. Hacer hincapié en la importancia de crear entornos seguros y acogedores, libres de discriminación y acoso, también es primordial para promover una participación equitativa. Al dar prioridad a la inclusividad y la accesibilidad en el metaverso, podemos aprovechar todo su potencial como fuerza transformadora para conectar a la gente y mejorar las interacciones sociales de formas nuevas y significativas.

XIV. IMPLICACIONES ECONÓMICAS

Las implicaciones económicas del metaverso son profundas y polifacéticas. A medida que este espacio virtual inmersivo sigue expandiéndose e integrándose en nuestra vida cotidiana, crea un nuevo panorama para el comercio, las oportunidades empresariales y las transacciones digitales. El metaverso ofrece una plataforma para la creación y el intercambio de bienes, servicios y experiencias virtuales, dando lugar a formas innovadoras de marketing y publicidad. La propiedad y el comercio de activos digitales, como bienes inmuebles virtuales y NFT, ya están estableciendo nuevos mercados que desafían las nociones tradicionales de valor y propiedad. Además, el metaverso tiene el potencial de revolucionar el trabajo a distancia, la educación y las industrias del entretenimiento, ofreciendo experiencias inmersivas e interactivas que podrían sustituir o complementar las interacciones físicas. Sin embargo, estos avances económicos también plantean cuestiones sobre la privacidad de los datos, la seguridad y la distribución equitativa de los recursos digitales. A medida que el metaverso siga evolucionando, será esencial garantizar que las oportunidades económicas sean accesibles para todos, salvaguardando al mismo tiempo los posibles riesgos y disparidades de esta nueva economía digital.

Bienes y mercados virtuales

Los bienes y mercados virtuales desempeñan un papel fundamental en el paisaje en evolución del metaverso. Con el auge de los entornos digitales y las comunidades en línea, la demanda de artículos y servicios virtuales se ha disparado. Estos bienes virtuales, que van desde la ropa y los accesorios digitales hasta la moneda del juego y las armas, se han convertido en mercancías valiosas dentro de los mercados virtuales. Los jugadores y usuarios tienen ahora la oportunidad de comprar, vender e intercambiar estos bienes virtuales, creando una próspera economía dentro del metaverso. La aparición de los NFTs ha revolucionado aún más el mercado al permitir la propiedad única de arte digital, coleccionables e incluso terrenos virtuales. Esta nueva forma de propiedad digital ha atraído a coleccionistas e inversores por igual, impulsando la innovación y creando nuevas oportunidades para creadores y empresarios en el espacio virtual. A medida que el metaverso siga expandiéndose, los bienes y mercados virtuales desempeñarán sin duda un papel fundamental en la configuración del futuro del comercio y las interacciones digitales.

Impacto en las industrias y empleos tradicionales

El impacto del metaverso en las industrias y empleos tradicionales es un tema de considerable debate y preocupación. A medida que este espacio virtual siga evolucionando, está claro que tendrá profundas implicaciones para diversos sectores de la economía. Industrias tradicionales como el comercio minorista, el ocio e incluso la educación pueden sufrir cambios significativos a medida que las interacciones virtuales sean más frecuentes. Por ejemplo, es posible que las tiendas físicas vean disminuir su afluencia a medida que más gente opte por experiencias de compra en entornos virtuales. Del mismo modo, es posible que los lugares de ocio tengan que adaptarse a la demanda de experiencias virtuales inmersivas, lo que conllevaría un cambio en la forma de organizar y acceder a los eventos. En términos de empleo, el auge del metaverso podría dar lugar a la creación de nuevas funciones centradas en el desarrollo y mantenimiento de mundos virtuales, al tiempo que podría desplazar a trabajadores de sectores que pierden relevancia en este nuevo panorama digital. En general, es probable que el impacto del metaverso en las industrias y empleos tradicionales sea de gran alcance y requerirá una planificación y adaptación cuidadosas para garantizar una transición sin problemas a esta nueva era de interacción digital.

Nuevos modelos de negocio y fuentes de ingresos

En el paisaje en constante evolución del metaverso, están surgiendo nuevos modelos de negocio y fuentes de ingresos, que reconfiguran los conceptos tradicionales de comercio y espíritu empresarial. A medida que se expande este ámbito digital, abundan las oportunidades de innovación y monetización. Los bienes, servicios y experiencias virtuales se están convirtiendo en fuentes de ingresos, y las empresas exploran formas únicas de captar y atraer a los consumidores en entornos virtuales inmersivos. Desde bienes inmuebles virtuales y productos de marca hasta eventos y experiencias exclusivos, el metaverso presenta un terreno fértil para diversificar las fuentes de ingresos y llegar a audiencias globales. A medida que las empresas navegan por esta nueva frontera, deben adaptarse a la dinámica cambiante de la economía digital, donde los activos intangibles pueden tener un valor tangible. Adoptar estos nuevos modelos de negocio requiere un profundo conocimiento del ecosistema único del metaverso y de las expectativas de los consumidores, allanando el camino a estrategias innovadoras que impulsen el crecimiento y la sostenibilidad en este paisaje en rápida evolución. El metaverso no sólo ofrece posibilidades apasionantes de generar ingresos, sino que también desafía a las empresas a pensar de forma creativa y estratégica para prosperar en esta era digital de espacios virtuales interconectados.

XV. BIENES INMUEBLES VIRTUALES Y PROPIEDAD

Los bienes inmuebles virtuales y la propiedad en el metaverso presentan una nueva frontera de propiedad de activos digitales y actividad económica. Con el auge de los espacios virtuales y los entornos digitales, el concepto de propiedad de terrenos, edificios y otros activos virtuales es cada vez más prominente. La propiedad de estos activos digitales, facilitada por la tecnología blockchain y las NFT, abre toda una nueva vía para el comercio y la inversión. Ahora la gente puede comprar, vender e intercambiar bienes inmuebles virtuales, bienes virtuales y otros activos digitales con valor en el mundo real. Esto plantea cuestiones sobre la naturaleza de la propiedad en los espacios virtuales y los marcos jurídicos que la rigen. A medida que el metaverso siga expandiéndose y evolucionando, el concepto de propiedad virtual se hará aún más complejo, exigiendo consideraciones cuidadosas sobre los derechos de propiedad, la propiedad intelectual y la identidad digital. En esencia, los bienes inmuebles virtuales y la propiedad en el metaverso no consisten sólo en adquirir activos digitales; también desafían nuestras nociones tradicionales de propiedad y titularidad en la era de la tecnología digital.

Concepto de propiedad en el metaverso

El concepto de propiedad en el metaverso introduce una dimensión compleja e intrigante en los entornos virtuales. En el metaverso, los individuos pueden poseer e intercambiar activos digitales, como terrenos virtuales, NFT y otros bienes virtuales, dando lugar a nuevas formas de propiedad y economía virtuales. Este concepto desafía las nociones tradicionales de propiedad y posesión, ya que los activos digitales tienen valor en el mundo real y pueden comprarse, venderse e intercambiarse como los bienes físicos. El paisaje virtual abre oportunidades para que los individuos inviertan en activos virtuales, creen espacios virtuales únicos y participen en el comercio digital de formas que antes eran inimaginables. Sin embargo, el concepto de propiedad en el metaverso también plantea cuestiones éticas y jurídicas relativas a los derechos de propiedad, la propiedad intelectual y la regulación de los activos virtuales. A medida que el metaverso siga evolucionando y dando forma a nuestras interacciones digitales, la comprensión y gestión de la propiedad dentro de este reino virtual será crucial para garantizar una participación justa y equitativa de todos los usuarios.

Comercio e inversión en terrenos virtuales

El comercio y la inversión en terrenos virtuales dentro del metaverso está ganando terreno rápidamente como nueva frontera de la economía digital. El concepto de poseer, desarrollar y comerciar con bienes inmuebles virtuales se ha convertido en una empresa lucrativa, en la que se compran y venden parcelas de tierra virtual por sumas considerables. Esta tendencia está impulsada por el creciente interés en crear espacios digitales únicos, ya sea para reuniones sociales, negocios virtuales o experiencias de juego inmersivas. Los inversores acuden en masa a invertir en propiedades virtuales, considerándolas no sólo como activos, sino como oportunidades de participar en un mercado floreciente con un enorme potencial de crecimiento. La aparición de los NFTs ha impulsado aún más el comercio de terrenos virtuales, ya que estos activos digitales únicos ofrecen una forma segura y verificable de transferir la propiedad de las propiedades virtuales. Sin embargo, este floreciente mercado también plantea cuestiones sobre la regulación, los derechos de propiedad y la valoración de los activos virtuales. A medida que el metaverso siga evolucionando, será crucial que las partes interesadas aborden estos retos y garanticen que el comercio y la inversión en terrenos virtuales se realicen de forma transparente, justa y sostenible.

Implicaciones jurídicas de los derechos de propiedad virtual

Las implicaciones jurídicas de los derechos de propiedad virtual en el metaverso presentan un panorama complejo y en evolución que se cruza con las leyes de propiedad tradicionales y la propiedad digital. A medida que los individuos invierten dinero real en adquirir activos virtuales como terrenos virtuales, skins u objetos del juego, surgen preguntas sobre la propiedad, la transferibilidad y los derechos de propiedad intelectual en estos espacios digitales. Mientras que algunos sostienen que la propiedad virtual debe tratarse de forma similar a la propiedad física, otros sostienen que los activos digitales existen en un entorno único y fluido que requiere nuevos marcos jurídicos que regulen su uso y transferencia. Cuestiones como el fraude, el robo y las disputas contractuales en las transacciones virtuales complican aún más el panorama jurídico del metaverso. A medida que el metaverso sigue expandiéndose e integrándose en nuestra vida cotidiana, se hace imperativo que los sistemas jurídicos se adapten y establezcan directrices claras para proteger los derechos e intereses de las personas que participan en transacciones de propiedad virtual. En última instancia, las implicaciones jurídicas de los derechos de propiedad virtual desempeñarán un papel crucial en la configuración de la futura gobernanza y regulación del metaverso, a medida que se convierta en una parte cada vez más significativa de nuestro mundo digital.

XVI. TOKENS NO FUNGIBLES (NFT) Y COLECCIONABLES

En el paisaje en evolución del metaverso, la aparición de los NFTs y los coleccionables ha desencadenado una nueva era de propiedad y comercio digitales. Los NFTs representan activos digitales únicos que se almacenan en la tecnología blockchain, proporcionando una prueba de autenticidad y propiedad. Estos tokens han revolucionado el concepto de objetos de colección en los espacios virtuales, permitiendo a los usuarios comprar, vender e intercambiar arte digital, bienes inmuebles virtuales e incluso objetos del juego con una seguridad y autenticidad sin precedentes. La capacidad de tokenizar activos digitales ha creado un nuevo mercado en el que los creadores digitales pueden monetizar su trabajo, los coleccionistas pueden mostrar sus colecciones y los inversores pueden especular con el valor de estos objetos únicos. Sin embargo, el auge de los NFTs también plantea cuestiones sobre el impacto medioambiental de la tecnología blockchain, el potencial de fraude y estafas en el mercado, y las implicaciones para las leyes de derechos de autor y propiedad intelectual. A medida que el metaverso siga expandiéndose, el papel de los NFTs y los coleccionables desempeñará sin duda un papel importante en la configuración del futuro de la propiedad y el comercio digitales.

El papel de los NFT en la economía del metaverso

Los NFTs desempeñan un papel fundamental en la emergente economía metaversal, ofreciendo oportunidades únicas para la propiedad y el comercio de activos digitales. Estos tokens digitales representan la propiedad de un activo específico, como un terreno virtual, obras de arte o coleccionables, y utilizan la tecnología blockchain para garantizar la autenticidad y la escasez. En el metaverso, los NFTs están revolucionando el concepto de propiedad al permitir a los usuarios poseer y comerciar realmente con activos digitales de forma segura y transparente. Esto ha abierto nuevas vías para que los creadores y desarrolladores moneticen su trabajo, así como para que los inversores participen en la creciente economía virtual. La integración de los NFTs en la economía del metaverso no sólo mejora la experiencia general del usuario al permitir activos digitales personalizados y únicos, sino que también contribuye al desarrollo de un mercado digital más sólido y diverso. A medida que el metaverso siga evolucionando, es probable que el papel de los NFTs se amplíe, creando nuevas oportunidades de innovación y crecimiento en el panorama digital.

Recopilación y comercio de activos digitales

En el contexto del metaverso, el coleccionismo y el comercio de activos digitales ha surgido como un fenómeno cautivador con profundas implicaciones para la economía y la sociedad. El concepto de propiedad digital ha adquirido una nueva dimensión con la llegada de los NFTs, que permiten a los particulares comprar, vender e intercambiar activos virtuales únicos que van desde obras de arte a terrenos virtuales. Este mercado digital ha abierto nuevas vías para creadores e inversores, creando una economía descentralizada de bienes digitales. El atractivo de poseer un activo digital escaso y exclusivo ha impulsado un aumento del interés, que ha dado lugar a importantes transacciones e inversiones en este floreciente mercado. Sin embargo, la naturaleza incipiente de esta economía también plantea cuestiones sobre regulación, autenticidad y seguridad, ya que el valor y la propiedad de estos activos están ligados a complejos sistemas criptográficos. A medida que el metaverso siga evolucionando, el coleccionismo y el comercio de activos digitales desempeñarán sin duda un papel central en la configuración del futuro de las economías virtuales y las interacciones sociales.

Consideraciones sobre la propiedad intelectual

Las consideraciones sobre propiedad intelectual en el metaverso son cruciales, ya que los entornos virtuales plantean retos únicos en cuanto a propiedad y derechos. Con la creación y el intercambio de activos digitales como los NFTs, la cuestión de la protección de los derechos de autor y la definición de los límites de la propiedad intelectual se hacen cada vez más complejas. A medida que los usuarios se dedican a crear e intercambiar bienes virtuales, surgen cuestiones sobre la originalidad, la autoría y los derechos de propiedad. Además, la difusa línea que separa el mundo real del virtual complica la aplicación de las leyes de propiedad intelectual. Esto pone de relieve la necesidad de marcos y mecanismos jurídicos sólidos para salvaguardar los derechos de los creadores e impedir el uso no autorizado o la reproducción de bienes digitales. A medida que el metaverso sigue expandiéndose y evolucionando, es imperativo que las partes interesadas aborden estas consideraciones de propiedad intelectual de forma proactiva para garantizar prácticas justas y equitativas dentro de los entornos virtuales, fomentando en última instancia la innovación y la creatividad al tiempo que se protegen los derechos de los creadores.

XVII. ESTRATEGIAS DE MARKETING Y PUBLICIDAD

Las estrategias de marketing y publicidad en el metaverso representan un reto y una oportunidad únicos en el panorama digital en evolución. A medida que las empresas buscan establecer una presencia en este mundo virtual inmersivo, los métodos publicitarios tradicionales pueden no ser tan eficaces, lo que exige un cambio hacia enfoques más innovadores e interactivos. Las experiencias de realidad virtual, los espacios virtuales de marca y las colaboraciones con personas influyentes dentro del metaverso ofrecen posibilidades apasionantes para relacionarse con los consumidores de formas nuevas y emocionantes. Estas estrategias tienen el potencial de crear conexiones más profundas con la audiencia, impulsando la conciencia de marca y la lealtad en un espacio donde la creatividad, la autenticidad y el marketing experiencial son muy valorados. Además, el uso de análisis de datos e inteligencia artificial en el metaverso puede proporcionar información valiosa sobre el comportamiento y las preferencias de los consumidores, ayudando a las empresas a adaptar sus esfuerzos de marketing con mayor eficacia. Sin embargo, los profesionales del marketing deben afrontar los retos éticos de la privacidad y la seguridad de los datos en este entorno virtual, garantizando que se proteja y respete la información personal de los usuarios. Al adoptar las características únicas del metaverso y adaptar las estrategias de marketing en consecuencia, las empresas pueden situarse a la vanguardia de esta frontera digital emergente.

Presencia de marca y compromiso del consumidor

La presencia de la marca y el compromiso del consumidor en el metaverso suponen un reto y una oportunidad únicos para las empresas. Con el potencial de experiencias inmersivas y conexiones más profundas con los consumidores, las marcas pueden crear una presencia que vaya más allá de las tácticas de marketing tradicionales. En este espacio virtual, las empresas tienen la oportunidad de comprometerse con su público de una forma más personal e interactiva, fomentando la lealtad y la confianza. Aprovechando el metaverso para la construcción de la marca y la captación de clientes, las empresas pueden acceder a una nueva frontera de creatividad e innovación, cultivando una fuerte conexión emocional con su público objetivo. Este cambio hacia las interacciones virtuales exige que las marcas adapten sus estrategias y adopten la naturaleza dinámica de este entorno digital. En general, la presencia de la marca y la participación del consumidor en el metaverso tienen el potencial de revolucionar la forma en que las empresas conectan con su público, ofreciendo un nuevo reino de posibilidades de crecimiento y éxito.

Publicidad innovadora en los espacios virtuales

En los espacios virtuales, el ámbito de la publicidad innovadora está experimentando un cambio de paradigma con la aparición del metaverso. Las empresas están explorando nuevas vías para llegar a los consumidores en estos entornos digitales inmersivos, aprovechando la naturaleza interactiva de estos espacios para crear experiencias publicitarias atractivas y memorables. Se están reimaginando los métodos tradicionales de publicidad, con marcas que incorporan la realidad virtual, la realidad aumentada y las experiencias personalizadas para conectar con su público objetivo de formas más significativas. El metaverso ofrece un terreno fértil para la experimentación, permitiendo a los anunciantes difuminar las líneas entre el mundo físico y el digital, aprovechando el poder de la narración, la gamificación y la interacción social para promocionar sus productos y servicios. A medida que los espacios virtuales se convierten en parte integrante de nuestra vida cotidiana, el potencial de la publicidad innovadora en el metaverso es enorme, y promete revolucionar la forma en que nos relacionamos con las marcas y dar forma al futuro del marketing.

Medir el impacto y el ROI en el metaverso

En el paisaje dinámico del metaverso, evaluar el impacto y el retorno de la inversión (ROI) presenta un reto polifacético. Es posible que las métricas tradicionales no capten adecuadamente el valor generado en los entornos virtuales, donde las interacciones sociales, las transacciones económicas y las experiencias de inmersión confluyen de formas novedosas. Cuantificar el impacto de las actividades metaversales requiere un enfoque matizado que tenga en cuenta no sólo las ganancias económicas, sino también las dimensiones sociales, culturales y experienciales. Comprender el ROI en este contexto exige una perspectiva más amplia que tenga en cuenta diversas formas de creación de valor, como la creación de comunidades, el intercambio de conocimientos y la conexión emocional. A medida que las organizaciones navegan por este nuevo terreno, deben desarrollar marcos de medición a medida que reconozcan las características únicas del metaverso y sus habitantes. Al captar la riqueza de las interacciones y actividades virtuales, estas métricas pueden proporcionar información sobre la eficacia de las iniciativas, orientar la toma de decisiones estratégicas y optimizar la asignación de recursos en este paisaje digital en evolución.

XVIII. CONSIDERACIONES ÉTICAS

Al navegar por el metaverso, es imperativo considerar las implicaciones éticas que se derivan de este paisaje digital en evolución. A medida que las personas se sumergen en entornos virtuales que desdibujan la línea entre la realidad y el reino digital, las cuestiones de privacidad, seguridad de los datos e identidad digital se vuelven primordiales. Salvaguardar la información personal y garantizar la protección de las identidades digitales frente a posibles violaciones o usos indebidos son preocupaciones acuciantes. Además, crear un espacio inclusivo y seguro dentro del metaverso es esencial para evitar desigualdades y casos de acoso. A medida que nos adentramos en este mundo virtual, las consideraciones éticas se extienden a cuestiones de propiedad, transacciones económicas y límites entre experiencias virtuales y físicas. A medida que el metaverso siga configurando nuestras interacciones y remodelando las normas sociales, abordar estos dilemas éticos será crucial para aprovechar su potencial transformador y, al mismo tiempo, protegernos de sus trampas.

Implicaciones morales de las acciones en los espacios virtuales

Las implicaciones morales de las acciones en los espacios virtuales son un aspecto crucial a tener en cuenta a medida que el metaverso sigue expandiéndose. A medida que las personas participan en interacciones virtuales, surgen dilemas éticos sobre el comportamiento, las elecciones y sus consecuencias en estos entornos digitales. A diferencia del mundo físico, los espacios virtuales suelen proporcionar una sensación de anonimato y distanciamiento que puede llevar a los individuos a actuar de formas que no harían en la vida real. Esto plantea cuestiones sobre la responsabilidad, la rendición de cuentas y el impacto de las acciones propias en los demás en estos paisajes digitales inmersivos. Cuestiones como el ciberacoso, el hostigamiento y la discriminación pueden tener consecuencias en el mundo real sobre la salud mental y el bienestar. Además, el concepto de identidad digital complica aún más las cosas, difuminando las fronteras entre el yo virtual y el yo real. A medida que los individuos navegan por estos reinos virtuales, resulta esencial defender los valores morales, respetar los derechos de los demás y considerar las implicaciones éticas del propio comportamiento para fomentar un entorno sano y propicio para todos los participantes en el metaverso.

Diseño ético y gobernanza del metaverso

El diseño ético y la gobernanza del metaverso son consideraciones cruciales en el desarrollo de este espacio virtual emergente. A medida que el metaverso se integra cada vez más en nuestra vida cotidiana, las preocupaciones éticas en torno a la privacidad, la seguridad de los datos y la identidad digital pasan a un primer plano. Es primordial garantizar la protección de la información personal de los individuos y que las interacciones digitales sean seguras y respetuosas. Además, crear un entorno inclusivo y accesible en el metaverso es esencial para evitar la desigualdad y el acoso. La economía del metaverso también plantea cuestiones éticas, sobre todo en relación con la propiedad y el comercio de activos digitales como los NFT. A medida que se difuminan las líneas entre la vida real y las experiencias virtuales, es imperativo abordar las implicaciones éticas de la identidad, la comunidad y la propiedad en este nuevo paisaje digital. Aplicando principios de diseño ético y estructuras de gobierno, el metaverso tiene el potencial de convertirse en un espacio que promueva interacciones positivas y fomente el sentido de comunidad, al tiempo que mitiga los riesgos potenciales y los impactos negativos.

Responsabilidad y rendición de cuentas en los entornos virtuales

En los entornos virtuales, los conceptos de responsabilidad y rendición de cuentas adquieren nuevas dimensiones en el contexto del metaverso. Cuando los individuos navegan por este espacio digital interconectado, deben enfrentarse a las implicaciones de sus acciones y decisiones, sabiendo que las consecuencias pueden tener efectos duraderos. En el metaverso, las fronteras entre el mundo virtual y el real pueden difuminarse, complicando las cuestiones de identidad y propiedad. Este cambio exige un mayor sentido de la responsabilidad en cuanto a la forma en que las personas interactúan con los demás, manejan los datos personales y se relacionan con los bienes virtuales. Además, la rendición de cuentas es crucial para garantizar que se respetan las normas éticas y que los posibles daños, como el acoso o la explotación de la información personal, se abordan con prontitud y eficacia. A medida que el metaverso siga evolucionando y ganando protagonismo, navegar por estas complejas consideraciones éticas será esencial para mantener un entorno virtual seguro, inclusivo y responsable para todos los usuarios.

XIX. CUESTIONES FILOSÓFICAS QUE PLANTEA EL METAVERSO

Al examinar las cuestiones filosóficas que plantea el metaverso, no se pueden ignorar las profundas implicaciones que tiene en nuestra comprensión de la realidad, la identidad y la comunidad. A medida que los individuos se sumergen en entornos virtuales, los límites entre el mundo físico y el reino digital empiezan a difuminarse, lo que provoca una reevaluación de lo que significa existir e interactuar en un espacio que es a la vez real y artificialmente construido. Surgen cuestiones relativas a la autenticidad de las experiencias dentro del metaverso, el impacto de las interacciones digitales en nuestro sentido del yo y la formación de comunidades virtuales basadas en intereses compartidos más que en la proximidad geográfica. Además, el concepto de propiedad en el metaverso desafía las nociones tradicionales de los derechos de propiedad y plantea dilemas éticos sobre la mercantilización de los activos virtuales. A medida que la sociedad navega por las complejidades de este paisaje en evolución, debe lidiar con las implicaciones metafísicas, éticas y sociales de un mundo cada vez más mediado por la tecnología.

Nociones de realidad y existencia

La noción de realidad y existencia en el contexto del metaverso plantea profundas cuestiones filosóficas sobre la naturaleza de nuestras experiencias digitales. Al adentrarnos en entornos virtuales inmersivos, nos vemos obligados a reevaluar nuestra comprensión de lo que es real y lo que es virtual. La difuminación de los límites entre los espacios físicos y digitales puede conducir a una reevaluación de nuestras percepciones de la identidad, la comunidad y la propiedad. En el metaverso, los individuos tienen la oportunidad de curar sus personajes en línea, interactuar con otros de formas novedosas y participar en actividades que pueden desafiar las nociones tradicionales de existencia. Además, la aparición de nuevas formas de comercio y negocios en el metaverso introduce complejidades a la hora de determinar el valor y la propiedad de los activos digitales. Al navegar por este paisaje en evolución, debemos considerar cuidadosamente las implicaciones éticas de nuestro compromiso con los espacios virtuales y esforzarnos por mantener un equilibrio entre la innovación y la preservación de los valores humanos fundamentales.

Identidad y el yo en los espacios digitales

En el metaverso, los individuos tienen la oportunidad única de curar y redefinir sus identidades digitales, lo que supone un reto para las nociones tradicionales del yo. En este espacio virtual, los usuarios pueden encarnar avatares que pueden diferir significativamente de su yo físico, explorando facetas de la identidad que pueden no expresarse fácilmente fuera de línea. Esta fluidez permite experimentar con el género, la apariencia y la personalidad, permitiendo a los usuarios construir identidades que se ajusten a sus deseos o ideales personales. Sin embargo, esta libertad conlleva su propio conjunto de complejidades, ya que los límites entre la realidad y la existencia digital se difuminan. Cuando los individuos navegan por los reinos virtuales, deben enfrentarse a cuestiones de autenticidad e integridad al representarse a sí mismos. Además, la preocupación por la privacidad y la seguridad es grande, ya que el rastro digital que se deja en el metaverso puede tener consecuencias duraderas en la vida real. El metaverso, por tanto, se convierte en un lugar de exploración y negociación, donde los individuos deben navegar por las complejidades de la identidad en un paisaje digital en rápida evolución.

Comunidad y pertenencia en los mundos virtuales

En el reino de los mundos virtuales dentro del metaverso, el concepto de comunidad y pertenencia adquiere una nueva dimensión, desafiando las nociones tradicionales de conexiones interpersonales. Los entornos virtuales ofrecen a los individuos la oportunidad de interactuar, colaborar y formar relaciones con otros, independientemente de la distancia física. Estas comunidades digitales pueden proporcionar un sentimiento de pertenencia e inclusividad que trasciende las fronteras geográficas, permitiendo a las personas encontrar individuos con ideas afines y construir conexiones sociales significativas. Además, la naturaleza inmersiva de los mundos virtuales aumenta la sensación de presencia y las experiencias compartidas, fomentando un sentido más profundo de comunidad entre los participantes. Sin embargo, este ámbito digital también plantea retos como la creación de un espacio inclusivo libre de discriminación y acoso. A medida que las comunidades virtuales siguen evolucionando y expandiéndose, es esencial dar prioridad a la creación de entornos seguros y acogedores en los que todos los individuos puedan participar y contribuir a la experiencia compartida de pertenencia dentro del metaverso.

XX. IMPACTO SOCIOCULTURAL

El impacto sociocultural del metaverso es profundo y polifacético, e influye en la forma en que interactuamos unos con otros y con el mundo que nos rodea. A medida que este espacio virtual se hace más prevalente, tiene el potencial de remodelar las normas sociales, los comportamientos y las relaciones de formas que aún no hemos llegado a comprender plenamente. Las experiencias inmersivas que ofrece el metaverso pueden crear conexiones más profundas entre las personas, superando las limitaciones de la distancia física y proporcionando nuevas oportunidades de colaboración, creatividad y creación de comunidades. Sin embargo, esta transformación también plantea cuestiones importantes sobre la privacidad, la seguridad y la inclusión. Al navegar por esta nueva frontera digital, es esencial establecer salvaguardias para proteger la información personal, garantizar un entorno seguro y acogedor para todos los usuarios y abordar posibles problemas de desigualdad y discriminación. Además, no pueden ignorarse las implicaciones económicas del metaverso, ya que abre nuevas vías para el comercio, los intercambios y la innovación. El potencial de los bienes, servicios y activos virtuales para convertirse en activos valiosos en este paisaje digital plantea tanto oportunidades apasionantes como consideraciones éticas. Al navegar por el impacto sociocultural del metaverso, es crucial encontrar un equilibrio entre innovación y responsabilidad, garantizando que esta tecnología en evolución beneficie a la sociedad en su conjunto.

Influencia en el lenguaje y la comunicación

El metaverso está a punto de revolucionar el lenguaje y la comunicación de forma profunda. Al crear entornos virtuales inmersivos que mezclan la realidad física con las experiencias digitales, el metaverso ofrece una nueva plataforma para las interacciones sociales que va más allá de las formas tradicionales de comunicación en línea. Los usuarios pueden relacionarse entre sí en espacios virtuales, asistir a eventos virtuales e interactuar con representaciones digitales de sí mismos y de otros. Este cambio en la comunicación no sólo abre nuevas posibilidades de conexión, sino que también desafía nuestra comprensión del lenguaje y la expresión en un contexto virtual. A medida que los individuos pasen más tiempo en el metaverso, la forma en que nos comunicamos, transmitimos emociones y construimos relaciones puede sufrir transformaciones significativas. El metaverso tiene el potencial de redefinir las normas sociales, la etiqueta y la esencia misma de la conexión humana, llevando a una reimaginación del lenguaje y la comunicación en la era digital.

Cambios en las normas y comportamientos sociales

Los cambios en las normas y comportamientos sociales son inevitables a medida que el metaverso sigue dando forma a nuestras interacciones digitales. Este espacio virtual emergente ofrece oportunidades únicas para que las personas participen en actividades sociales, laborales y de entretenimiento de una forma más inmersiva e interconectada. A medida que las personas pasan más tiempo en entornos virtuales, las normas sociales tradicionales pueden evolucionar para adaptarse a este nuevo paisaje digital. La forma en que nos comunicamos, formamos relaciones e interactuamos con los demás puede sufrir transformaciones significativas a medida que las interacciones virtuales sean más frecuentes. Además, el metaverso plantea cuestiones sobre la privacidad, la seguridad de los datos y la identidad digital, haciendo que las personas reconsideren cómo protegen y gestionan su información personal en los espacios en línea. En general, el metaverso tiene el potencial de revolucionar la forma en que socializamos y nos comportamos en los entornos digitales, provocando un cambio en las normas y prácticas sociales a medida que navegamos por esta nueva era de realidad virtual.

Intercambio cultural y diversidad en el metaverso

El intercambio cultural y la diversidad en el metaverso ofrecen una oportunidad única para que personas de distintos orígenes se relacionen entre sí en espacios virtuales. Cuando las personas interactúan en este reino digital, tienen la oportunidad de conocer y experimentar diversas culturas, tradiciones y perspectivas que antes no les eran accesibles. Mediante actividades compartidas, conversaciones y colaboraciones, los usuarios pueden ampliar su comprensión del mundo y cultivar la empatía hacia los demás. Este intercambio cultural fomenta un sentimiento de inclusión y unidad, derribando barreras y promoviendo el respeto mutuo entre grupos diversos. Al abrazar la diversidad en el metaverso, las personas pueden mostrar su identidad, patrimonio y creatividad, contribuyendo a un tapiz vibrante y rico de experiencias. Este entorno virtual sirve como crisol de ideas, creencias y costumbres, celebrando la belleza del pluralismo cultural y reuniendo a la gente en una comunidad global unida por la curiosidad y la apertura de miras.

XXI. EFECTOS PSICOLÓGICOS DE LA INTERACCIÓN VIRTUAL PROLONGADA

Los efectos psicológicos de la interacción virtual prolongada en el metaverso son complejos y polifacéticos. A medida que las personas pasan más tiempo en entornos virtuales, pueden experimentar una sensación de desconexión del mundo físico, lo que provoca sentimientos de aislamiento y soledad. Además, la exposición constante a pantallas digitales y estímulos artificiales puede contribuir a aumentar los niveles de estrés, ansiedad y depresión. Las interacciones virtuales carecen de los matices de la comunicación cara a cara, lo que puede dar lugar a malentendidos y conflictos. Además, la naturaleza curada de los personajes online en el metaverso puede crear una sensación de inadecuación y autocomparación, alimentando problemas relacionados con la autoestima y la imagen corporal. Comprender estos efectos psicológicos es crucial para promover el bienestar mental en los espacios digitales y desarrollar estrategias que ayuden a las personas a superar los retos de las interacciones virtuales. Es esencial encontrar un equilibrio entre los beneficios de la conectividad y los posibles efectos negativos sobre la salud mental en el metaverso.

Consideraciones sobre la salud mental

Al considerar el impacto del metaverso en las interacciones sociales, las consideraciones de salud mental desempeñan un papel vital. La naturaleza inmersiva y potencialmente adictiva de los entornos virtuales suscita preocupación por el bienestar psicológico de los usuarios. Pasar periodos prolongados en el metaverso podría provocar sentimientos de desconexión con la realidad, un aumento de la ansiedad y una difuminación de los límites entre el mundo virtual y la vida real. Además, la presión por mantener una determinada imagen o estilo de vida en los espacios virtuales puede contribuir a sentimientos de inadecuación y baja autoestima. Es esencial que los desarrolladores y los responsables políticos den prioridad a las salvaguardas de la salud mental en el diseño y la regulación del metaverso. Implementar características que promuevan hábitos de uso saludables, proporcionen recursos de apoyo a la salud mental y fomenten interacciones sociales positivas puede ayudar a mitigar el posible impacto negativo en el bienestar de los usuarios. A medida que el metaverso siga evolucionando, abordar las consideraciones de salud mental será crucial para garantizar un entorno virtual seguro y sostenible para todos los participantes.

Relación entre el bienestar virtual y el del mundo real

La relación entre el bienestar virtual y el del mundo real es un concepto complejo y en evolución en el contexto del metaverso. A medida que las personas pasan cada vez más tiempo en entornos digitales, el impacto en su bienestar general es un tema de creciente preocupación. Por un lado, las experiencias inmersivas y las interacciones sociales que ofrece el metaverso pueden proporcionar una sensación de conexión, creatividad y entretenimiento que mejora la salud mental y el compromiso social. Sin embargo, el potencial de adicción, aislamiento y desvinculación de la realidad física también plantea riesgos para el bienestar emocional y físico. Encontrar el equilibrio adecuado entre las experiencias virtuales y las del mundo real es esencial para garantizar que las personas mantengan un estilo de vida sano y satisfactorio. Las estrategias para fomentar el bienestar en el metaverso pueden incluir el establecimiento de límites para el tiempo frente a la pantalla, la participación en actividades físicas y el fomento de relaciones significativas tanto online como offline. Al reconocer la interconexión entre el bienestar virtual y el del mundo real, las personas pueden tomar medidas proactivas para afrontar los retos y las oportunidades que presenta el metaverso de forma que contribuyan a su salud y felicidad generales.

Mecanismos de afrontamiento y sistemas de apoyo

Los mecanismos de afrontamiento y los sistemas de apoyo desempeñan un papel crucial en la navegación por las complejidades del metaverso y su impacto en las interacciones sociales. A medida que las personas se sumergen en entornos virtuales, pueden encontrarse con retos como la sobrecarga de información, el aislamiento social o incluso el acoso. En respuesta a estos factores estresantes, es esencial establecer mecanismos de afrontamiento saludables. Esto podría implicar establecer límites para el tiempo frente a la pantalla, adoptar prácticas de autocuidado o buscar ayuda profesional cuando sea necesario. Además, disponer de un sistema de apoyo sólido puede proporcionar una sensación de conexión y pertenencia en el ámbito digital. Los amigos, la familia o las comunidades online pueden ofrecer apoyo emocional, consejos prácticos o simplemente un oído atento en momentos de angustia. Dando prioridad al bienestar mental y fomentando relaciones significativas, las personas pueden navegar mejor por las complejidades del metaverso y mantener un enfoque equilibrado de sus interacciones en línea.

XXII. LA SALUD FÍSICA

El impacto potencial del metaverso en la salud física es un aspecto crítico que no puede pasarse por alto. A medida que las personas se sumergen cada vez más en entornos virtuales, preocupa cómo puede afectar este cambio a su bienestar. Un aspecto clave es la posibilidad de que aumente el sedentarismo y disminuyan los niveles de actividad física. Pasar largos periodos de tiempo en espacios virtuales podría provocar una disminución del movimiento y el ejercicio en general, lo que puede tener efectos perjudiciales sobre la salud cardiovascular, la fuerza musculoesquelética y el bienestar mental. Además, la intensa naturaleza de las experiencias inmersivas en el metaverso puede contribuir a la fatiga visual, los dolores de cabeza y otros síntomas físicos. Es imperativo que tanto los desarrolladores como los usuarios den prioridad a estrategias que fomenten el equilibrio, como la incorporación de descansos regulares, intervalos de movimiento y configuraciones ergonómicas. A medida que el metaverso sigue evolucionando y expandiéndose, es esencial tener en cuenta su impacto en la salud física y abordar proactivamente cualquier posible reto para garantizar una integración equilibrada y sostenible de las experiencias virtuales en la vida cotidiana.

Preocupación por el sedentarismo

El sedentarismo es una preocupación creciente en la sociedad actual, exacerbada por la creciente dependencia de la tecnología digital y las interacciones virtuales. A medida que la gente pasa más tiempo en entornos virtuales como el metaverso, disminuyen los niveles de actividad física, lo que provoca diversos problemas de salud. La falta de movimiento puede provocar obesidad, problemas cardiovasculares y musculoesqueléticos, lo que repercute en el bienestar general. Además, el tiempo excesivo frente a la pantalla puede afectar a la salud mental, provocando sentimientos de soledad, depresión y ansiedad. Este comportamiento sedentario no sólo afecta a los individuos, sino que también tiene implicaciones más amplias para la sociedad en su conjunto. Es esencial concienciar sobre la importancia de incorporar la actividad física a las rutinas diarias, incluso en los espacios virtuales. Encontrar un equilibrio entre el compromiso digital y el movimiento físico es crucial para mantener un estilo de vida saludable en la era del metaverso.

Potencial de la actividad física en los espacios virtuales

Uno de los aspectos más apasionantes del metaverso es su potencial para ofrecer nuevas vías de actividad física en los espacios virtuales. Mediante el uso de tecnologías innovadoras como la realidad virtual y la realidad aumentada, las personas pueden participar en una amplia gama de actividades físicas sin salir de la comodidad de sus hogares. Ya sea participando en clases virtuales de fitness, explorando paisajes virtuales a pie o participando en simulaciones deportivas interactivas, el metaverso ofrece oportunidades únicas para mantenerse activo y sano en entornos virtuales. Esto tiene el potencial de revolucionar la forma en que abordamos el ejercicio y el bienestar, ofreciendo una alternativa cómoda y envolvente a las formas tradicionales de actividad física. Aprovechando el poder del metaverso, las personas pueden realizar actividades físicas que no están limitadas por barreras físicas, abriendo nuevas posibilidades para la creatividad, la colaboración y el desarrollo personal en espacios virtuales.

Vigilancia de la salud y programas de bienestar

La vigilancia de la salud y los programas de bienestar desempeñan un papel crucial en el metaverso, pues garantizan que los usuarios mantengan el bienestar físico y mental en entornos digitales inmersivos. Como la gente pasa cada vez más tiempo en espacios virtuales, controlar los parámetros de salud, como la frecuencia cardiaca, los niveles de actividad y los niveles de estrés, es esencial para prevenir problemas como la fatiga digital y el esfuerzo físico. Los programas de bienestar pueden proporcionar a los usuarios herramientas y recursos para promover hábitos saludables, como rutinas de ejercicio, prácticas de atención plena y consejos de nutrición adaptados al mundo virtual. Al integrar la vigilancia de la salud y los programas de bienestar en la experiencia metaversal, los usuarios pueden optimizar el tiempo que pasan en entornos digitales, al tiempo que dan prioridad a su bienestar general. Este enfoque holístico de la salud en el metaverso no sólo beneficia a los usuarios individuales, sino que también contribuye a crear una comunidad virtual más sostenible y consciente.

XXIII. DINÁMICA DE LAS RELACIONES EN EL METAVERSO

En el paisaje dinámico del metaverso, las relaciones entre individuos adquieren una nueva dimensión, mezclando los mundos virtual y físico de formas que nunca antes habíamos visto. A medida que las personas navegan por entornos digitales e interactúan con otras en espacios virtuales, la dinámica de las conexiones sociales experimenta un cambio significativo. Desde conversaciones casuales a amistades profundas, el metaverso ofrece una plataforma para que se desarrolle y florezca una amplia gama de relaciones. Las experiencias inmersivas que proporciona este espacio virtual colectivo permiten interacciones más auténticas y significativas, salvando la distancia entre la distancia física y la cercanía emocional. Sin embargo, el metaverso también plantea retos en cuanto al mantenimiento de los límites, el establecimiento de la confianza y la navegación por las normas sociales en este ámbito digital. A medida que los individuos exploran esta nueva frontera de interacción social, deben navegar por las complejidades de construir relaciones en un espacio que difumina las líneas entre la realidad y la digitalidad. En última instancia, comprender y adaptarse a la dinámica cambiante de las relaciones en el metaverso será crucial para aprovechar todo el potencial de esta tecnología transformadora.

Formar y mantener relaciones virtuales

Al considerar la formación y el mantenimiento de relaciones virtuales en el metaverso, es esencial reconocer el complejo panorama de interacciones digitales que abarca este concepto. Dado que el metaverso ofrece entornos virtuales inmersivos e interactivos para las interacciones sociales, el potencial para crear conexiones significativas a través de grandes distancias es tentador. Además, la naturaleza digital de estas relaciones plantea cuestiones sobre la autenticidad, la intimidad y la conexión emocional en los espacios virtuales. Aunque las relaciones virtuales pueden ofrecer oportunidades únicas de comunicación y colaboración, también plantean retos en términos de confianza, privacidad y seguridad. Navegar por estas complejidades requiere un delicado equilibrio entre fomentar conexiones auténticas y garantizar la seguridad y el respeto dentro de las comunidades digitales. En última instancia, el impacto de formar y mantener relaciones virtuales en el metaverso va más allá de las meras interacciones online, influyendo en cómo percibimos y nos relacionamos con los demás tanto en espacios virtuales como físicos.

Impacto en las relaciones del mundo real

El impacto del metaverso en las relaciones del mundo real es un aspecto complejo pero convincente de esta tecnología emergente. A medida que los individuos pasan cada vez más tiempo en entornos virtuales, se produce un cambio potencial en la forma en que las personas interactúan entre sí, tanto online como offline. La naturaleza inmersiva del metaverso ofrece oportunidades para establecer conexiones sociales más ricas y profundas, ya que los usuarios pueden participar en experiencias compartidas que trascienden los límites físicos. Esto puede dar lugar a vínculos más fuertes y a un sentimiento de comunidad que va más allá de las plataformas tradicionales de medios sociales. Sin embargo, también preocupa el impacto negativo del metaverso en las relaciones del mundo real, ya que las personas pueden dar prioridad a las interacciones virtuales sobre la comunicación cara a cara, lo que provoca sentimientos de aislamiento y desconexión. Es esencial navegar por este delicado equilibrio entre las ventajas y los inconvenientes del metaverso para garantizar que nuestras relaciones sigan siendo satisfactorias y significativas tanto en el mundo digital como en el físico.

Citas virtuales y normas sociales

En el ámbito de las citas virtuales dentro del metaverso, las normas sociales están experimentando un profundo cambio, alterando los conceptos tradicionales de cortejo y construcción de relaciones. A medida que las personas se sumergen en entornos digitales, los límites entre las interacciones en la vida real y las conexiones virtuales se difuminan cada vez más. Esta difuminación de los límites tiene implicaciones en la forma en que los individuos perciben la autenticidad, la confianza y la intimidad en las relaciones en línea. Aunque las citas virtuales ofrecen la posibilidad de una mayor autoexpresión y la exploración de diversas identidades, también suscitan preocupación sobre la autenticidad de las interacciones y el riesgo de engaño. Además, el metaverso desafía las normas sociales convencionales en torno a la privacidad y el consentimiento, ya que las personas navegan por espacios virtuales donde los límites personales son más fluidos. A medida que la gente navega por esta nueva frontera de las citas virtuales, es esencial establecer nuevas directrices y normas que garanticen interacciones respetuosas y significativas, fomentando una cultura de seguridad e inclusión en las relaciones digitales.

XXIV. LA CONECTIVIDAD GLOBAL

El concepto de metaverso ofrece una visión convincente de un futuro en el que la conectividad global adquiere un significado totalmente nuevo. Al fusionar la realidad virtual, la realidad física mejorada e Internet, el metaverso tiene el potencial de revolucionar nuestras interacciones sociales y conexiones con el mundo que nos rodea. Este espacio digital inmersivo va más allá de los medios sociales convencionales y las plataformas de juegos, allanando el camino para el trabajo a distancia, la educación, el entretenimiento y las reuniones sociales que ofrecen experiencias más dinámicas y significativas. A medida que nos adentramos en el metaverso, las preocupaciones sobre la privacidad, la seguridad de los datos y la identidad digital surgen como consideraciones críticas. Salvaguardar la información personal y garantizar la inclusividad se convierten en aspectos primordiales a medida que las interacciones virtuales se hacen más frecuentes. Al mismo tiempo, el panorama económico está a punto de transformarse con el auge del comercio virtual y las nuevas posibilidades de negocio dentro del metaverso. El metaverso no sólo desafía nuestras nociones tradicionales de realidad e identidad, sino que también presenta dilemas éticos y filosóficos únicos que hay que sortear con cuidado para que sus beneficios potenciales se materialicen plenamente.

Superar las divisiones geográficas

Superando las divisiones geográficas, el metaverso ofrece una oportunidad única de conectar a personas de todos los rincones del mundo en entornos virtuales inmersivos. Al derribar las barreras físicas, este espacio digital permite a las personas interactuar, colaborar y realizar actividades juntas, independientemente de su ubicación. Como resultado, el metaverso tiene el potencial de crear una comunidad más inclusiva y global, fomentando la comprensión y la comunicación intercultural. Esto es especialmente importante en un mundo cada vez más interconectado en el que se valoran la diversidad y las perspectivas globales. A través de experiencias compartidas e interacciones virtuales, el metaverso tiene el poder de cultivar un sentimiento de unidad y pertenencia entre los participantes, trascendiendo las fronteras geográficas y uniendo a la gente de formas antes inimaginables. En última instancia, al salvar las divisiones geográficas, el metaverso tiene la capacidad de remodelar la forma en que nos conectamos y nos relacionamos, abriendo nuevas posibilidades de cooperación y colaboración a escala mundial.

Intercambio cultural y comprensión

El intercambio cultural y la comprensión son aspectos fundamentales para navegar por el paisaje en evolución del metaverso. A medida que individuos de diversos orígenes convergen en espacios virtuales, se presenta una oportunidad única para el intercambio de ideas, creencias y tradiciones que puede fomentar una mayor comprensión y empatía mutuas. El metaverso tiene el potencial de derribar las barreras físicas y facilitar las interacciones entre personas que quizá no tengan la oportunidad de conectar en el mundo físico. Al participar en actividades compartidas, explorar entornos virtuales y colaborar en proyectos creativos, los usuarios pueden desarrollar una apreciación más profunda de las diferentes perspectivas culturales y formas de vida. Sin embargo, es esencial abordar el intercambio cultural en el metaverso con sensibilidad y respeto, teniendo en cuenta la posibilidad de malinterpretación o apropiación. Al fomentar el diálogo intercultural y celebrar la diversidad, el metaverso tiene el poder de salvar las distancias entre comunidades y promover un mundo más inclusivo e interconectado.

Colaboración global y resolución de problemas

La colaboración global y la resolución de problemas son componentes esenciales para navegar por el complejo paisaje del metaverso. A medida que este espacio virtual se integre más en nuestra vida cotidiana, la necesidad de cooperación internacional y de esfuerzos conjuntos para resolver problemas será crucial. Los distintos países y culturas aportan perspectivas y enfoques únicos, que enriquecen el discurso general y conducen a soluciones más innovadoras. Además, la colaboración mundial puede ayudar a abordar retos comunes como la seguridad de los datos, los problemas de privacidad y los problemas de identidad digital que trascienden las fronteras. Trabajando juntos, los países pueden establecer normas y reglamentos que protejan a los usuarios y promuevan un entorno en línea más seguro. Además, la colaboración a escala mundial puede facilitar el desarrollo de espacios virtuales inclusivos y accesibles que atiendan a poblaciones diversas. En última instancia, fomentar la cooperación y la resolución de problemas a través de las fronteras será clave para aprovechar todo el potencial del metaverso y, al mismo tiempo, abordar sus retos de forma eficaz.

XXV. MARCOS JURÍDICOS Y REGLAMENTACIÓN

Los marcos jurídicos y la normativa desempeñan un papel crucial en la configuración del desarrollo y el funcionamiento del metaverso. A medida que este espacio virtual se expande y se integra más en la vida cotidiana, las cuestiones de gobernanza, derechos de propiedad intelectual y protección de los usuarios adquieren una importancia capital. En el metaverso, donde los usuarios pueden crear, poseer e intercambiar activos digitales, el panorama jurídico debe adaptarse para garantizar un acceso justo, evitar la explotación y proteger los datos personales. También entran en juego cuestiones de jurisdicción y aplicación, ya que el metaverso trasciende las fronteras físicas y los sistemas jurídicos. Además, la naturaleza dinámica de los entornos virtuales requiere normativas flexibles y adaptables para abordar retos emergentes como la delincuencia virtual, el ciberacoso y las disputas sobre propiedad virtual. Estableciendo marcos jurídicos y normativas claras que equilibren la innovación con la responsabilidad, los responsables políticos pueden contribuir a fomentar un metaverso seguro y próspero que beneficie a toda la sociedad.

Jurisdicción y aplicación de la ley en los espacios virtuales

La jurisdicción y la aplicación de la ley en los espacios virtuales plantean un reto complejo en el paisaje en evolución del metaverso. A medida que este reino digital trasciende las fronteras físicas, la determinación de la autoridad jurisdiccional se vuelve cada vez más turbia. Los marcos jurídicos tradicionales luchan por seguir el ritmo de la rápida innovación y la naturaleza global de los entornos virtuales. Surgen preguntas sobre qué leyes se aplican, cómo se hacen cumplir y quién es responsable de mantener el orden público en estos espacios. Los organismos encargados de hacer cumplir la ley se enfrentan a la desalentadora tarea de navegar por este territorio virtual, y a menudo carecen de las herramientas y la experiencia necesarias para vigilar eficazmente estas nuevas fronteras. La cuestión de hacer cumplir las leyes en el metaverso suscita inquietudes sobre la rendición de cuentas, la protección de los usuarios y la preservación de los derechos fundamentales en este reino digital. A medida que el metaverso siga expandiéndose, será esencial encontrar un equilibrio entre regulación y libertad para garantizar un entorno virtual seguro y equitativo para todos los participantes.

Derechos y protecciones de los usuarios

En el reino del metaverso, los derechos y protecciones de los usuarios se convierten en consideraciones primordiales para garantizar un entorno virtual seguro e inclusivo. A medida que las personas participan cada vez más en interacciones sociales, trabajo, educación y entretenimiento dentro de los espacios digitales, es crucial salvaguardar la información personal y la identidad digital. Las preocupaciones sobre la privacidad y la seguridad de los datos deben abordarse cuidadosamente para evitar la explotación y los quebrantamientos de la confianza. Además, el reto de crear un metaverso equitativo y accesible, libre de discriminación y acoso, es esencial para fomentar una experiencia de usuario positiva. A medida que los usuarios navegan por los paisajes virtuales y participan en actividades económicas, como intercambiar activos digitales y participar en el comercio virtual, deben existir normativas y políticas que protejan sus derechos y garanticen prácticas justas. Al dar prioridad a los derechos y protecciones de los usuarios en el desarrollo del metaverso, podemos alimentar un espacio que promueva la confianza, la colaboración y el respeto entre su diversa comunidad de usuarios.

Retos normativos y cooperación internacional

Los retos normativos y la necesidad de cooperación internacional en el desarrollo del metaverso son primordiales para garantizar un entorno digital seguro e integrador. A medida que este espacio virtual sigue difuminando las líneas entre las interacciones físicas y digitales, aumenta la preocupación por la privacidad de los datos, la seguridad y la identidad digital. Los gobiernos y los organismos reguladores tendrán que establecer directrices y normas claras para proteger a los usuarios y su información personal. La cooperación internacional es esencial a este respecto, ya que el metaverso trasciende las fronteras y normativas nacionales. Los esfuerzos de colaboración pueden ayudar a crear un marco cohesivo que aborde la compleja naturaleza de los espacios virtuales, fomentando al mismo tiempo la innovación y el crecimiento. Además, garantizar la accesibilidad de todos los usuarios y evitar la discriminación o el acoso en el metaverso exigirá un esfuerzo colectivo de las partes interesadas a escala mundial. Si abordamos estos retos normativos mediante la cooperación internacional, podremos cultivar un metaverso que no sólo sea tecnológicamente avanzado, sino también éticamente sólido e integrador.

XXVI. CONSIDERACIONES MEDIOAMBIENTALES

Entrando en el terreno de las consideraciones medioambientales dentro del metaverso, resulta evidente que hay varias implicaciones que explorar. A medida que más personas utilizan los espacios virtuales para trabajar, entretenerse y socializar, surgen preguntas sobre el impacto medioambiental del mantenimiento de estos ecosistemas digitales. El consumo de energía, la producción de hardware y la gestión de los residuos electrónicos son factores que deben controlarse y abordarse cuidadosamente para garantizar la sostenibilidad del metaverso. Los enormes centros de datos que soportan estos entornos virtuales requieren cantidades significativas de energía, contribuyendo potencialmente a las emisiones de carbono y a la degradación medioambiental. Además, la necesidad constante de actualizar el hardware y los dispositivos para acceder al metaverso suscita preocupación por los residuos electrónicos y el agotamiento de los recursos. Tanto las empresas como los usuarios deben tener en cuenta estos factores medioambientales y trabajar para conseguir prácticas más sostenibles en las interacciones virtuales. Aplicando soluciones ecológicas, como centros de datos energéticamente eficientes, programas de reciclaje y gestión de activos digitales, el metaverso puede mitigar su huella medioambiental y luchar por un futuro más sostenible. De este modo, las consideraciones medioambientales desempeñan un papel crucial en la configuración del desarrollo y la longevidad del metaverso, garantizando que su crecimiento no se produzca a expensas de nuestro planeta.

Consumo de energía y sostenibilidad

El consumo de energía y la sostenibilidad son consideraciones críticas en el desarrollo y expansión del metaverso. La naturaleza inmersiva de los entornos virtuales, con sus gráficos de alta resolución y sus complejas simulaciones, requiere cantidades sustanciales de energía para funcionar. A medida que el metaverso crezca en popularidad y uso, la demanda de energía para alimentar estos espacios digitales aumentará significativamente, lo que supondrá una presión potencial sobre los recursos existentes y contribuirá a las emisiones de carbono. Para garantizar la viabilidad a largo plazo del metaverso, deben aplicarse soluciones energéticas sostenibles para minimizar su impacto medioambiental. Esto podría implicar el uso de fuentes de energía renovables, como la solar o la eólica, para alimentar los centros de datos y los servidores que soportan las plataformas de realidad virtual. Además, optimizar el software y el hardware para que sean más eficientes energéticamente puede ayudar a reducir el consumo total de energía en el metaverso. Al dar prioridad a la sostenibilidad en el diseño y funcionamiento de los entornos virtuales, el metaverso puede desarrollarse de forma que minimice su huella de carbono y promueva un futuro más respetuoso con el medio ambiente para las interacciones digitales.

Residuos electrónicos y ciclo de vida del hardware

Los residuos electrónicos son una preocupación importante en el contexto del ciclo de vida del hardware dentro del metaverso. A medida que este reino digital se expande, aumenta la demanda de nuevos dispositivos y tecnología para acceder a los espacios virtuales y navegar por ellos, lo que conduce a una mayor tasa de rotación de los aparatos electrónicos. Esta obsolescencia más rápida del hardware contribuye a la acumulación de residuos electrónicos, lo que plantea riesgos para el medio ambiente y el agotamiento de los recursos. La eliminación y el reciclaje adecuados de los residuos electrónicos se hacen esenciales para mitigar estos impactos negativos sobre el medio ambiente. Además, ampliar la vida útil del hardware mediante la reparación, el reacondicionamiento y la actualización responsable puede ayudar a reducir la cantidad de productos electrónicos desechados. Implantar prácticas sostenibles en la fabricación y fomentar la concienciación de los usuarios sobre la gestión de los residuos electrónicos son pasos cruciales para garantizar la longevidad y el respeto medioambiental del hardware dentro del metaverso en evolución. Abordando los retos de los residuos electrónicos de forma proactiva, el metaverso puede esforzarse por conseguir un ecosistema tecnológico más sostenible y responsable.

Impacto medioambiental de los centros de datos

Los centros de datos, la columna vertebral del mundo digital, tienen un impacto medioambiental significativo que no puede ignorarse. Estas enormes instalaciones albergan innumerables servidores para almacenar y procesar las enormes cantidades de datos que se generan a diario. La energía necesaria para alimentar y refrigerar estos servidores contribuye a una importante huella de carbono. De hecho, se calcula que los centros de datos representan aproximadamente el 1% del consumo mundial de electricidad, y se prevé que este porcentaje aumente a medida que crezca nuestra dependencia de los servicios digitales. En consecuencia, los centros de datos han suscitado críticas por su elevado consumo de energía y sus emisiones de gases de efecto invernadero, lo que suscita preocupación por su contribución al cambio climático. Se están realizando esfuerzos para aumentar la eficiencia y utilizar fuentes de energía renovables, pero se necesitan más prácticas sostenibles para mitigar el impacto medioambiental de los centros de datos. Es crucial que la industria tecnológica dé prioridad a la sostenibilidad y explore soluciones innovadoras para reducir la huella medioambiental de los centros de datos, con el fin de crear un futuro digital más sostenible.

XXVII. EL FUTURO DE LA SOCIALIZACIÓN

El metaverso, con su promesa de crear experiencias inmersivas y transformadoras, plantea cuestiones intrigantes sobre el futuro de la socialización en los entornos digitales. A medida que las personas utilizan cada vez más los espacios virtuales para el trabajo, la educación y las reuniones sociales, la dinámica de la interacción humana está destinada a evolucionar significativamente. Con el potencial de interacciones más profundas y ricas que las que se encuentran en las plataformas online actuales, el metaverso podría redefinir la esencia de las relaciones sociales. Sin embargo, junto a esta prometedora perspectiva se encuentra el reto de garantizar la privacidad, la seguridad de los datos y la protección de la identidad digital en los reinos virtuales. Además, la creación de un espacio inclusivo y accesible para todas las personas es esencial para evitar problemas de desigualdad y acoso. Como el metaverso también introduce nuevas formas de comercio y oportunidades de negocio, la economía dentro de este paisaje virtual debe navegarse con cuidado para evitar prácticas explotadoras. Además, las difusas distinciones entre las experiencias de la vida real y las virtuales obligan a reevaluar conceptos como identidad, comunidad y propiedad. Aunque el metaverso ofrece un inmenso potencial para hacer avanzar nuestras interacciones digitales, abordar estas implicaciones éticas y sociales será fundamental para aprovechar sus beneficios de forma responsable.

Predicciones y tendencias

Las predicciones y tendencias del metaverso apuntan hacia un futuro en el que las experiencias inmersivas en espacios virtuales revolucionarán la forma en que interactuamos entre nosotros y con el mundo físico. A medida que avanza la tecnología, el metaverso promete permitir interacciones sociales más ricas, trabajo a distancia, educación, entretenimiento y reuniones sociales más allá de lo que ofrecen las plataformas actuales. Sin embargo, junto con el entusiasmo que rodea al metaverso, existen preocupaciones sobre la privacidad, la seguridad de los datos y la identidad digital. A medida que las personas pasan más tiempo en entornos virtuales, resulta imperativo salvaguardar la información personal. Además, las implicaciones económicas del metaverso son significativas, ya que surgen nuevas oportunidades en el comercio virtual, la propiedad de activos digitales y las estrategias de marketing. También se plantean cuestiones éticas y filosóficas, que desafían las nociones tradicionales de identidad, comunidad y propiedad. En última instancia, el metaverso representa un cambio importante en la forma en que nos relacionamos con la tecnología y la sociedad, presentando tanto oportunidades como retos que requieren una cuidadosa consideración y gestión.

Posibles cambios en las estructuras sociales

Un cambio potencial en las estructuras sociales que puede surgir del desarrollo y la adopción generalizada del metaverso es la redefinición de las interacciones sociales. A medida que las personas pasan más tiempo navegando por entornos virtuales y participando en experiencias digitales, las formas tradicionales de socialización, creación de redes y comunicación pueden sufrir una transformación significativa. El metaverso ofrece la promesa de interacciones inmersivas y enriquecidas que trascienden las limitaciones de las plataformas online actuales, permitiendo conexiones más auténticas y significativas. Este cambio tiene el potencial de difuminar las líneas entre los espacios físicos y digitales, desafiando nuestra comprensión de las fronteras y normas sociales. Además, el metaverso podría crear nuevas oportunidades de colaboración, creatividad y creación de comunidades, fomentando conexiones que trasciendan las distancias geográficas y las barreras culturales. Sin embargo, este cambio también suscita preocupaciones sobre la privacidad, la identidad digital y las implicaciones éticas de una sociedad más conectada, aunque virtual. A medida que naveguemos por este paisaje digital en evolución, será crucial abordar estos retos y garantizar que los beneficios potenciales del metaverso se materialicen de una forma que promueva la inclusividad, la seguridad y el respeto de los derechos individuales.

Implicaciones a largo plazo para la interacción humana

Las implicaciones a largo plazo del metaverso para la interacción humana son profundas y polifacéticas. A medida que este espacio virtual siga desarrollándose y expandiéndose, tiene el potencial de revolucionar la forma en que nos conectamos y nos relacionamos unos con otros en los entornos digitales. El metaverso ofrece oportunidades para experiencias más inmersivas, interactivas y personalizadas que pueden trascender las limitaciones de las plataformas online actuales. Sin embargo, estos avances también plantean importantes consideraciones éticas y prácticas. Las cuestiones de privacidad, seguridad de los datos e identidad digital se vuelven críticas a medida que las personas habitan cada vez más mundos virtuales. Garantizar la inclusividad y la accesibilidad en el metaverso es crucial para evitar perpetuar las desigualdades y fomentar un entorno seguro para todos los usuarios. Además, el panorama económico del metaverso introduce nuevos retos y oportunidades, desde la creación de bienes y servicios virtuales hasta el comercio de activos digitales. A medida que se difuminan los límites entre la vida real y las experiencias virtuales, debemos considerar cuidadosamente cómo el metaverso configurará nuestra comprensión de la identidad, la comunidad y la propiedad, remodelando en última instancia la forma en que interactuamos con la tecnología y entre nosotros.

XXVIII. EXPERIENCIA DE USUARIO Y DISEÑO DE INTERFAZ

La experiencia del usuario (UX) y el diseño de la interfaz desempeñan un papel crucial en la configuración de las interacciones dentro del metaverso. El diseño de entornos virtuales, avatares y sistemas de navegación puede influir enormemente en la forma en que los usuarios se relacionan con el mundo digital. Las interfaces intuitivas que guían a los usuarios a través de espacios virtuales complejos pueden mejorar la experiencia general del usuario y hacer que las interacciones sean más inmersivas y atractivas. El metaverso presenta un reto único para los diseñadores, ya que deben crear interfaces que no sólo sean estéticamente agradables, sino que también funcionen eficazmente en un entorno virtual. Factores como la facilidad de navegación, la accesibilidad para usuarios de todas las capacidades y las opciones de personalización son consideraciones clave a la hora de diseñar interfaces para el metaverso. Al centrarse en la experiencia del usuario y el diseño de la interfaz, los desarrolladores pueden crear mundos virtuales que no sólo sean visualmente impresionantes, sino también fáciles de usar, haciendo del metaverso un espacio más inclusivo y atractivo para todos los participantes.

Importancia del diseño intuitivo para la interacción social

El diseño intuitivo desempeña un papel fundamental en la configuración de las interacciones sociales dentro del metaverso. Al aprovechar interfaces fáciles de usar y una navegación fluida, el diseño intuitivo mejora la experiencia general del usuario y facilita un compromiso más fluido con los demás en entornos virtuales. Este aspecto es especialmente crucial para promover la inclusión y la accesibilidad, garantizando que personas de diversos orígenes puedan participar de forma significativa en las interacciones sociales. Mediante un diseño intuitivo, los usuarios pueden navegar fácilmente por los espacios virtuales, comunicarse con los demás y participar en actividades colaborativas, fomentando un sentimiento de comunidad y conexión. Además, el diseño intuitivo puede ayudar a mitigar problemas potenciales como el acoso o la desigualdad, promoviendo interacciones positivas y respetuosas entre los usuarios. En última instancia, no se puede exagerar la importancia del diseño intuitivo para la interacción social en el metaverso, ya que sirve de base para crear un ecosistema virtual acogedor y atractivo que dé prioridad a la experiencia del usuario y fomente conexiones significativas entre las personas.

Elementos de accesibilidad y diseño universal

Las características de accesibilidad y el diseño universal desempeñan un papel crucial en la configuración de la inclusividad del metaverso. A medida que este espacio virtual sigue expandiéndose y evolucionando, es esencial tener en cuenta las necesidades de todos los usuarios, incluidos los que tienen discapacidades o limitaciones. Al incorporar funciones de accesibilidad y adoptar principios de diseño universal, los desarrolladores pueden garantizar que el metaverso sea acogedor y utilizable para todos, independientemente de sus capacidades. Desde proporcionar alternativas para la información visual y auditiva hasta ofrecer interfaces personalizables y controles adaptables, las funciones de accesibilidad pueden mejorar la experiencia general del usuario y permitir que las personas con necesidades diversas participen plenamente en las interacciones sociales virtuales. Además, el diseño universal no sólo beneficia a las personas con discapacidad, sino que también mejora la usabilidad para todos los usuarios, creando un entorno más intuitivo y fluido. Al dar prioridad a la accesibilidad y al diseño universal en el desarrollo del metaverso, podemos fomentar un espacio digital más inclusivo que promueva la igualdad de oportunidades para la participación y la colaboración entre una gama diversa de usuarios.

Evolución de las interfaces de usuario en los entornos virtuales

La evolución de las interfaces de usuario en los entornos virtuales ha desempeñado un papel fundamental en la configuración del metaverso y su impacto en las interacciones sociales. A medida que avanza la tecnología, las interfaces de usuario se han vuelto más intuitivas, inmersivas y personalizables, permitiendo a los usuarios navegar por los espacios virtuales con mayor facilidad y eficacia. Esta evolución ha transformado la forma en que las personas interactúan con los entornos digitales, difuminando la línea que separa el mundo físico del virtual. En el metaverso, las interfaces de usuario se diseñan para mejorar las experiencias sociales, facilitar la comunicación y crear oportunidades de colaboración y compromiso. Al integrar elementos de realidad virtual, realidad aumentada e Internet, las interfaces de usuario del metaverso ofrecen una plataforma dinámica e interactiva para las interacciones sociales, el entretenimiento, la educación y el comercio. El desarrollo en curso de interfaces de usuario en entornos virtuales tiene un enorme potencial para revolucionar la forma en que conectamos con los demás y experimentamos el mundo, sentando las bases para una nueva era de compromiso digital e interacción social.

XXIX. INTELIGENCIA ARTIFICIAL E INTERACCIONES SOCIALES

La inteligencia artificial desempeña un papel crucial en la configuración de las interacciones sociales dentro del metaverso. A medida que la tecnología de IA sigue avanzando, permite experiencias más inmersivas y personalizadas en entornos virtuales. Desde los chatbots que prestan servicios de atención al cliente hasta los avatares impulsados por la IA que mejoran la comunicación, la IA está revolucionando la forma en que las personas interactúan entre sí en los espacios digitales. Los algoritmos de IA pueden analizar el comportamiento, las preferencias y las dinámicas sociales de los usuarios para crear interacciones más atractivas y significativas. Sin embargo, esto también suscita preocupaciones sobre la privacidad, la seguridad de los datos y el potencial de manipulación. A medida que la IA se integra más en el tejido del metaverso, es esencial garantizar la existencia de directrices éticas para proteger a los usuarios y promover el uso responsable de la IA. En general, la relación entre la IA y las interacciones sociales en el metaverso es compleja, con ventajas y dificultades que deben sortearse cuidadosamente para fomentar un entorno virtual positivo e integrador.

Avatares y PNJ controlados por IA

Los avatares y los PNJ (Personajes No Jugables o NPCs en inglés) controlados por la IA están preparados para desempeñar un papel fundamental en la configuración de las interacciones sociales del metaverso. Estas entidades digitales, impulsadas por la inteligencia artificial, tienen el potencial de mejorar las experiencias inmersivas proporcionando interacciones realistas dentro de los entornos virtuales. Al simular el comportamiento y las respuestas humanas, los avatares impulsados por la IA pueden crear interacciones más atractivas y dinámicas para los usuarios, ya sea en juegos, eventos sociales o reuniones virtuales. Además, los PNJ controlados por la IA, pueden servir de guías, mentores o retadores dentro del metaverso, enriqueciendo la experiencia general de los participantes. La integración de la tecnología de IA en estas entidades virtuales abre posibilidades apasionantes de interacciones personalizadas y a medida, difuminando en última instancia los límites entre las experiencias de la vida real y las virtuales. A medida que el metaverso siga evolucionando, es probable que los avatares y los PNJ impulsados por la IA desempeñen un papel crucial en la configuración del futuro de las interacciones sociales en los espacios virtuales, creando nuevas oportunidades de conexión, colaboración y creatividad.

Personalización y experiencias adaptativas

En el contexto del metaverso, el concepto de personalización y experiencias adaptativas desempeña un papel vital en la configuración de las interacciones de los usuarios y el compromiso general dentro de los entornos virtuales. La personalización se refiere a la adaptación de contenidos, servicios e interacciones a las preferencias y características individuales, mejorando la experiencia del usuario al proporcionarle experiencias relevantes y atractivas. Las experiencias adaptativas, por su parte, implican el ajuste dinámico de los contenidos y las interacciones en función del comportamiento del usuario, las reacciones y los factores ambientales. Juntos, estos elementos permiten que los espacios virtuales sean más envolventes, atractivos e interactivos, creando una sensación de conexión y pertenencia para los usuarios. Al personalizar las experiencias según las necesidades y preferencias individuales, el metaverso tiene el potencial de revolucionar la forma en que nos relacionamos con los entornos digitales, fomentando conexiones más profundas e interacciones significativas que trascienden las plataformas online tradicionales. A medida que el metaverso siga evolucionando, la capacidad de personalizar y adaptar experiencias será crucial para dar forma al futuro de las interacciones sociales y redefinir los límites entre los mundos virtual y físico.

Uso ético de la IA en contextos sociales

El uso ético de la IA en contextos sociales dentro del metaverso plantea un reto complejo que debe considerarse cuidadosamente para garantizar resultados positivos para todos los usuarios. A medida que las tecnologías de inteligencia artificial se integran más en las interacciones virtuales, las cuestiones de privacidad, seguridad de los datos e identidad digital pasan a un primer plano. Garantizar la protección de la información personal y la gestión segura de las identidades digitales es esencial para crear un entorno virtual seguro e inclusivo. Además, la posibilidad de que la IA perpetúe las desigualdades o facilite el acoso debe abordarse mediante un diseño y una supervisión reflexivos. Mediante el establecimiento de directrices éticas claras y la aplicación de salvaguardias sólidas, el metaverso puede convertirse en un espacio en el que los usuarios se sientan capacitados para participar auténticamente sin temor a la explotación o la discriminación. En última instancia, fomentar una base ética en el uso de la IA dentro del metaverso es crucial para aprovechar todo su potencial como plataforma transformadora de las interacciones sociales.

XXX. EL PAPEL DEL BLOCKCHAIN EN EL METAVERSO

Con el auge del metaverso, la tecnología blockchain está llamada a desempeñar un papel crucial en la configuración de su desarrollo y funcionamiento. La cadena de bloques, conocida por su naturaleza descentralizada y segura, puede abordar retos clave en el metaverso, como la gestión de la identidad digital, la propiedad de activos y la seguridad de los datos. Utilizando blockchain para la verificación de la identidad, los usuarios pueden mantener el control sobre su información personal, evitando las violaciones de la privacidad habituales en los sistemas centralizados. Además, blockchain permite la creación y el comercio de activos digitales únicos como las NFT, permitiendo a los usuarios establecer la verdadera propiedad de bienes y propiedades virtuales. Esto no sólo facilita una economía virtual vibrante, sino que también garantiza la transparencia y autenticidad de las transacciones. Además, la inmutabilidad y la seguridad criptográfica de blockchain pueden salvaguardar los datos y las transacciones sensibles dentro del metaverso, creando un entorno de confianza para que los usuarios interactúen y hagan negocios. En esencia, la integración de blockchain en el metaverso ofrece una base de confianza y eficacia que es esencial para su crecimiento y éxito a la hora de revolucionar las interacciones sociales y las experiencias digitales.

Descentralización y capacitación del usuario

En el contexto del metaverso, la descentralización desempeña un papel crucial para permitir el empoderamiento del usuario. Al descentralizar el control y la propiedad de los espacios virtuales, se da a los usuarios mayor autonomía y agencia para dar forma a sus experiencias digitales. Este alejamiento de las plataformas centralizadas permite a los individuos tener más control sobre sus datos, identidad e interacciones dentro del metaverso. Facultar a los usuarios para que creen y personalicen sus entornos virtuales fomenta un sentimiento de propiedad y pertenencia, que conduce a interacciones sociales más significativas y auténticas. Además, la descentralización promueve la diversidad y la inclusión dando voz a los grupos marginados y fomentando un entorno en línea más equitativo. En general, la descentralización en el metaverso no sólo enriquece las experiencias de los usuarios, sino que también promueve un enfoque más democrático y centrado en el usuario de las interacciones sociales en los espacios virtuales. A medida que el metaverso siga evolucionando, la descentralización desempeñará probablemente un papel clave en la configuración del futuro de las interacciones y comunidades digitales.

Contratos inteligentes y transacciones automatizadas

Los contratos inteligentes y las transacciones automatizadas son componentes clave en el desarrollo del metaverso, ya que ofrecen formas eficaces y seguras de llevar a cabo diversas interacciones digitales. Los contratos inteligentes eliminan la necesidad de intermediarios al ejecutar automáticamente condiciones predefinidas cuando se cumplen determinados criterios, reduciendo el riesgo de fraude y aumentando la transparencia. Este enfoque descentralizado no sólo agiliza procesos como pagos, transferencias de activos y verificaciones, sino que también garantiza que las transacciones sean inmutables y a prueba de manipulaciones. Al aprovechar la tecnología blockchain, los contratos inteligentes proporcionan un nivel de confianza y precisión que es crucial en el mundo virtual del metaverso. A medida que el metaverso se expande para abarcar una amplia gama de actividades, desde el comercio virtual hasta las interacciones sociales, la implementación de contratos inteligentes desempeñará un papel fundamental en la configuración del paisaje de este reino digital, ofreciendo a los usuarios una forma fluida y segura de relacionarse entre sí y realizar transacciones comerciales.

Confianza y transparencia en los tratos virtuales

La confianza y la transparencia son componentes esenciales en los tratos virtuales dentro del metaverso. Cuando las personas participan en interacciones y transacciones virtuales, la falta de presencia física puede aumentar la preocupación por la fiabilidad y la autenticidad. Establecer la confianza en las relaciones virtuales puede requerir una mayor transparencia en la comunicación, las acciones y las intenciones. La transparencia puede ayudar a facilitar la confianza al proporcionar claridad y honestidad en los tratos virtuales, reduciendo la incertidumbre y las posibilidades de engaño. En el metaverso, donde las identidades pueden manipularse fácilmente y la información puede alterarse o falsificarse, la transparencia resulta crucial para mantener la integridad y la credibilidad. Promoviendo la transparencia en las interacciones virtuales, las personas pueden generar confianza, mitigar los riesgos y fomentar las relaciones positivas en el ámbito digital. Adoptar la transparencia puede conducir a conexiones más fuertes, mejor colaboración y experiencias mejoradas en el metaverso, contribuyendo en última instancia a un entorno virtual más ético y fiable. La confianza y la transparencia van de la mano, conformando la base de los tratos virtuales en el paisaje en evolución del metaverso.

XXXI. LA ECONOMÍA GIG

En el contexto del metaverso y su impacto en las interacciones sociales, el auge de la Gig Economy adquiere una nueva dimensión. A medida que los entornos virtuales se vuelven más sofisticados e inmersivos, las oportunidades de trabajo a distancia y como autónomo en línea se amplían dentro del metaverso. La economía Gig, caracterizada por los contratos a corto plazo y el trabajo autónomo, se alinea bien con la naturaleza flexible de los espacios virtuales, permitiendo a los individuos asumir diversos proyectos y Gigs desde la comodidad de sus hogares virtuales. Este cambio hacia el trabajo virtual dentro del metaverso no sólo abre nuevas vías de empleo, sino que también difumina los límites tradicionales del trabajo y el ocio. Sin embargo, este crecimiento conlleva retos como garantizar una remuneración justa, establecer normativas sobre el trabajo virtual y abordar cuestiones de seguridad e identidad digitales. A medida que el metaverso siga evolucionando, la economía Gig dentro de él desempeñará un papel importante en la configuración del futuro del trabajo y de las interacciones sociales, presentando tanto oportunidades como retos que deben sortearse cuidadosamente para garantizar el bienestar y el éxito de las personas dentro de este dinámico paisaje digital.

Oportunidades para autónomos y creadores

El metaverso ofrece un amplio abanico de oportunidades a los autónomos y creadores que buscan explorar nuevas vías de trabajo y autoexpresión. Con el auge de los entornos virtuales y las experiencias inmersivas, ahora las personas pueden aprovechar las oportunidades de trabajo a distancia en campos tan diversos como el diseño, la creación de contenidos, la programación y la planificación de eventos virtuales. Los autónomos pueden colaborar con equipos globales, accediendo a una red más amplia de clientes y proyectos sin las limitaciones de la ubicación física. Los creadores, por su parte, pueden encontrar nuevas formas de mostrar su arte, música y narrativa en espacios virtuales interactivos y atractivos, llegando a un público más amplio y relacionándose con sus seguidores de formas novedosas. A medida que el metaverso sigue expandiéndose, está creando un vibrante mercado de bienes y servicios digitales, abriendo nuevas fuentes de ingresos tanto para los autónomos como para los creadores. Este cambio hacia las economías digitales presenta posibilidades apasionantes para que los individuos moneticen sus talentos y habilidades de formas innovadoras, configurando el futuro del trabajo y la creatividad en el reino virtual.

Impacto en los modelos de empleo tradicionales

El impacto del metaverso en los modelos de empleo tradicionales está a punto de revolucionar la forma en que las personas trabajan y se ganan la vida. Con el auge del trabajo a distancia y las herramientas de colaboración virtual, el metaverso ofrece nuevas oportunidades de empleo que trascienden las fronteras geográficas. Las empresas ya están explorando espacios de oficinas virtuales y configuraciones de trabajo a distancia dentro del metaverso, lo que permite a los empleados conectarse y colaborar en un entorno virtual. Este cambio hacia un espacio de trabajo digital no sólo aumenta la flexibilidad, sino que también desafía la estructura tradicional de trabajo de 9 a 5. Además, el metaverso abre las puertas a autónomos y contratistas independientes para que accedan a un mercado global para sus habilidades y servicios. A medida que las empresas se adaptan a este nuevo panorama digital, los modelos de empleo tradicionales pueden sufrir una transformación, dando lugar a una mano de obra más descentralizada y flexible. Sin embargo, a medida que el metaverso sigue remodelando la forma en que trabajamos e interactuamos profesionalmente, también hay que abordar las preocupaciones sobre la seguridad en el empleo, el equilibrio entre la vida laboral y personal, y el impacto en la salud mental en un entorno de trabajo virtual.

Desafíos del trabajo por turnos en espacios virtuales

Uno de los principales retos del trabajo por turnos en los espacios virtuales del metaverso es la falta de seguridad y estabilidad laboral de los trabajadores. En estos entornos digitales, los trabajadores por turnos suelen depender de contratos a corto plazo u oportunidades como autónomos, lo que les lleva a una necesidad constante de conseguir nuevos proyectos para mantener sus ingresos. Esto puede dar lugar a ingresos impredecibles, cargas de trabajo incoherentes y la ausencia de prestaciones típicamente asociadas al empleo tradicional. Además, la naturaleza competitiva del trabajo por turnos en el metaverso puede conducir a la explotación, ya que los trabajadores se ven presionados para aceptar trabajos mal pagados o trabajar muchas horas para seguir siendo competitivos. Además, la falta de regulaciones y protecciones en los espacios virtuales puede hacer que los trabajadores por turnos sean vulnerables a la explotación, la discriminación o la falta de pago por sus servicios. A medida que el metaverso siga evolucionando, será esencial abordar estos retos relacionados con el trabajo por turnos para garantizar oportunidades justas y equitativas a todos los participantes en estas economías digitales.

XXXII. CAPITAL SOCIAL Y TRABAJO EN RED

El capital social y la creación de redes desempeñan un papel crucial en el desarrollo y la sostenibilidad de las relaciones dentro del metaverso. A medida que los individuos navegan por los entornos virtuales, la capacidad de conectar con los demás, generar confianza y establecer conexiones significativas se convierte en algo esencial para el crecimiento y el éxito personales. El capital social, definido como las redes de relaciones que poseen los individuos, proporciona acceso a recursos, información y oportunidades que pueden mejorar la experiencia virtual de cada uno. La creación de redes dentro del metaverso permite a los individuos ampliar sus círculos sociales, colaborar en proyectos y participar en actividades compartidas, contribuyendo a un sentimiento de comunidad y pertenencia. Aprovechando eficazmente el capital social y el trabajo en red, las personas no sólo pueden mejorar su presencia virtual, sino también crear un entorno de apoyo que fomente la creatividad, la innovación y el desarrollo personal. A medida que el metaverso siga evolucionando, la importancia del capital social y de la creación de redes no hará sino aumentar, configurando la forma en que las personas interactúan, colaboran y prosperan en este ámbito digital.

Crear y aprovechar redes virtuales

Construir y aprovechar redes virtuales en el metaverso está a punto de revolucionar la forma en que las personas se conectan, interactúan y colaboran en los entornos digitales. Al crear espacios en línea que trascienden las plataformas tradicionales de las redes sociales y los entornos de juego, el metaverso ofrece una experiencia rica y envolvente a los usuarios que buscan nuevas formas de compromiso. Estas redes virtuales facilitan el trabajo, la educación, el entretenimiento y las reuniones sociales a distancia, que son más dinámicas y atractivas que las alternativas actuales. Sin embargo, a medida que las personas pasan cada vez más tiempo en entornos virtuales, es primordial garantizar la privacidad, la seguridad de los datos y la protección de la identidad digital. Además, la economía del metaverso se está expandiendo rápidamente, dando paso a nuevas oportunidades de negocio y mercados de bienes y servicios virtuales. El desarrollo del metaverso también plantea implicaciones éticas y filosóficas en torno a la difuminación de las experiencias de la vida real y virtual, desafiando nuestra comprensión de la identidad, la comunidad y la propiedad en la era digital. A medida que el metaverso siga evolucionando, será esencial abordar estos retos para garantizar la inclusión, la accesibilidad y un impacto positivo en la sociedad.

Capital social en contextos profesionales

El capital social desempeña un papel crucial en los contextos profesionales dentro del metaverso, ya que es un factor determinante del éxito y la influencia. En este espacio digital, los individuos construyen redes, establecen credibilidad y aprovechan las relaciones para avanzar en sus carreras y alcanzar objetivos organizativos. Al participar en interacciones significativas, colaborar en proyectos y mostrar su experiencia, los profesionales pueden mejorar su capital social y desbloquear oportunidades de crecimiento profesional. Además, el capital social en el metaverso permite a los individuos acceder a recursos, información y apoyo de una amplia gama de conexiones, ampliando su base de conocimientos y fomentando la innovación. Además, el entorno virtual proporciona una plataforma para actos de creación de redes, conferencias y programas de tutoría, en los que los profesionales pueden forjar relaciones valiosas e intercambiar ideas con personas de ideas afines. En definitiva, el capital social en contextos profesionales dentro del metaverso sirve como un poderoso activo que mejora la colaboración, abre puertas a nuevas oportunidades e impulsa el éxito en el ámbito digital.

Oportunidades y limitaciones del trabajo en red

Las oportunidades y limitaciones de la creación de redes en el metaverso presentan un panorama complejo para las interacciones sociales. Por un lado, el metaverso ofrece oportunidades de conectividad y colaboración sin precedentes, que permiten a las personas relacionarse con un público global en entornos virtuales inmersivos. Los actos de networking, las conferencias y las reuniones sociales pueden tener lugar sin problemas en espacios digitales, rompiendo las barreras geográficas y fomentando la creatividad y la innovación. Sin embargo, el metaverso también plantea limitaciones, sobre todo en lo que respecta a la autenticidad y profundidad de las relaciones que se forman en entornos virtuales. La falta de presencia física y de señales no verbales puede dificultar el establecimiento de conexiones auténticas, dando lugar a interacciones superficiales y malentendidos. Además, la preocupación por la privacidad y la seguridad de los datos en el metaverso plantea dudas sobre la fiabilidad de las plataformas de redes y los riesgos potenciales de compartir información personal en espacios virtuales. Equilibrar las ventajas de ampliar las oportunidades de establecer contactos con los retos de construir relaciones significativas en el metaverso será crucial para dar forma al futuro de las interacciones sociales en línea.

XXXIII. EL METAVERSO COMO PLATAFORMA PARA EL ACTIVISMO

El metaverso tiene el potencial de servir de poderosa plataforma para el activismo, permitiendo a los individuos implicarse en causas sociales y políticas de formas innovadoras. Al crear espacios virtuales que permiten a la gente conectarse, colaborar y organizarse en torno a objetivos compartidos, el metaverso ofrece una nueva frontera para la acción colectiva. Los activistas pueden utilizar tecnologías inmersivas para concienciar, movilizar apoyos y amplificar sus voces a escala mundial. Las protestas virtuales, las marchas virtuales y los actos virtuales pueden llegar a un público más amplio, trascender las fronteras físicas e inspirar cambios en el mundo real. Además, el metaverso proporciona un entorno seguro e inclusivo para que las comunidades marginadas defiendan sus derechos y expresen sus puntos de vista sin miedo a la discriminación o la censura. Mientras navegamos por las complejidades del metaverso, es esencial considerar cómo esta tecnología emergente puede capacitar a los individuos para impulsar el progreso social y catalizar la transformación positiva de la sociedad. En última instancia, el metaverso tiene el potencial de revolucionar la forma en que nos comprometemos con el activismo, ofreciendo nuevas posibilidades de defensa, solidaridad e impacto.

Organizar y movilizar virtualmente

Éste será sin duda un aspecto crítico del impacto del metaverso en las interacciones sociales. A medida que los espacios virtuales se vuelvan más sofisticados e inmersivos, el potencial para organizar actos, reuniones y colaboraciones en entornos digitales se ampliará significativamente. Los individuos y las organizaciones pueden aprovechar estos espacios virtuales para el trabajo a distancia, las conferencias virtuales, la educación en línea e incluso las reuniones sociales. El metaverso ofrece un nivel de interactividad y compromiso que va más allá de las videoconferencias tradicionales y las plataformas de medios sociales, proporcionando oportunidades para interacciones más significativas y dinámicas. Además, la capacidad de organizarse y movilizarse virtualmente puede mejorar la accesibilidad y la inclusividad, permitiendo que personas de distintos lugares y procedencias participen en actividades y experiencias compartidas. Sin embargo, hay que considerar cuidadosamente retos como la privacidad, la seguridad y la identidad digital para garantizar un entorno virtual seguro y transparente para todos los participantes. En esencia, el metaverso tiene el potencial de revolucionar la forma en que nos organizamos y movilizamos virtualmente, abriendo nuevas posibilidades de colaboración y conexión social en los espacios digitales.

Campañas de promoción y sensibilización

Las campañas de promoción y sensibilización desempeñan un papel crucial en la configuración del futuro del metaverso. Al concienciar sobre los beneficios potenciales y los retos de esta tecnología emergente, estas campañas pueden ayudar a educar al público y a los responsables políticos sobre cuestiones importantes como la privacidad, la seguridad de los datos y la identidad digital. Los esfuerzos de defensa también pueden impulsar normativas y políticas que protejan a los usuarios y promuevan la inclusión en los espacios virtuales. Además, las campañas de defensa pueden destacar las oportunidades económicas del metaverso, como las nuevas formas de comercio y modelos empresariales, fomentando la inversión y la innovación en este espacio. Al abogar por un desarrollo ético y responsable, las campañas de sensibilización pueden garantizar que el metaverso evolucione de forma que beneficie a la sociedad en su conjunto. En un panorama digital en rápida evolución, las campañas de defensa y sensibilización son herramientas esenciales para garantizar que el metaverso crezca de forma sostenible y equitativa.

Desafíos del activismo virtual

El activismo virtual, aunque es una poderosa herramienta para el cambio social, se enfrenta a varios retos en el metaverso. Un obstáculo importante es la falta de presencia física y de conexión emocional que las plataformas virtuales suelen tener dificultades para reproducir. El activismo se basa en la movilización de las emociones, la creación de solidaridad y el fomento de un sentimiento de comunidad, elementos que pueden ser difíciles de conseguir en un espacio virtual. Además, la naturaleza algorítmica de las plataformas de medios sociales puede dificultar que los activistas lleguen a un público más amplio y se comprometan con él, lo que obstaculiza su impacto. Además, el aumento de la desinformación y de las campañas de desinformación en línea supone una amenaza para la credibilidad y la eficacia de los esfuerzos de activismo virtual. Sin mecanismos de verificación adecuados, la información engañosa puede difundirse fácilmente y distorsionar los mensajes de los activistas. Superar estos retos requiere estrategias innovadoras, como utilizar la tecnología de realidad virtual para crear experiencias de activismo más inmersivas y atractivas, aplicar procesos de verificación de hechos más estrictos y fomentar conexiones genuinas dentro de las comunidades en línea para impulsar un cambio significativo. Al abordar estos obstáculos, el activismo virtual puede aprovechar el potencial del metaverso para amplificar las voces, concienciar y movilizar la acción en favor de causas de justicia social.

XXXIV. ESPACIOS MENTALES Y DESARROLLO PERSONAL

Mientras navegamos por el paisaje en expansión del metaverso, resulta esencial considerar el impacto de los entornos virtuales en el desarrollo personal. El metaverso ofrece una oportunidad única para que las personas exploren nuevos espacios mentales y amplíen los límites del autodescubrimiento. A través de experiencias e interacciones inmersivas en mundos virtuales, los usuarios pueden participar en el crecimiento personal, el desarrollo de habilidades y la autoexpresión de formas que pueden no ser posibles en el reino físico. Estos espacios virtuales pueden servir como lienzo para la creatividad, campo de entrenamiento para desarrollar la confianza y las habilidades sociales, y plataforma para experimentar con distintas identidades. Al relacionarse con comunidades y experiencias diversas en el metaverso, las personas pueden ampliar sus perspectivas, cuestionar sus creencias y cultivar la empatía y la comprensión. Sin embargo, aunque el metaverso encierra un inmenso potencial para el desarrollo personal, también suscita preocupación por cuestiones como la adicción, el distanciamiento de la realidad y la difuminación de los límites entre las identidades virtuales y las de la vida real. Es crucial que los usuarios aborden las experiencias virtuales con atención, estableciendo límites y garantizando un equilibrio saludable entre sus vidas online y offline para aprovechar el poder transformador del metaverso, salvaguardando al mismo tiempo su bienestar mental.

Autoexploración y crecimiento en entornos virtuales

La autoexploración y el crecimiento en entornos virtuales ofrecen a las personas oportunidades únicas de desarrollo personal y autodescubrimiento en el metaverso. Mediante experiencias e interacciones inmersivas en espacios digitales, los usuarios pueden dedicarse a la autorreflexión, experimentar con distintas identidades y explorar nuevos aspectos de sí mismos que quizá no hubieran sido posibles en el mundo físico. Los entornos virtuales proporcionan un espacio seguro y controlado para que las personas superen los límites, desafíen las suposiciones y exploren sus intereses y pasiones sin las limitaciones del mundo real. Además, la naturaleza colaborativa de las plataformas virtuales permite establecer conexiones significativas con personas de ideas afines y orígenes diversos, lo que conduce al crecimiento personal a través de experiencias compartidas, comentarios y oportunidades de aprendizaje. Al participar en la autoexploración y el crecimiento en entornos virtuales, las personas pueden desarrollar una comprensión más profunda de sí mismas, mejorar sus habilidades interpersonales y cultivar un sentido de autonomía y agencia en la configuración de sus identidades virtuales y del mundo real.

Terapia virtual y servicios de salud mental

La terapia virtual y los servicios de salud mental están a punto de revolucionar la forma en que las personas acceden y reciben apoyo para su bienestar mental en el metaverso. Con el auge de la tecnología de realidad virtual, las personas pueden participar en sesiones de terapia desde la comodidad de sus hogares, eliminando barreras como el transporte y los conflictos de horarios. Esta accesibilidad puede ser especialmente beneficiosa para quienes pueden tener un acceso limitado a la terapia tradicional debido a limitaciones geográficas o a los estigmas asociados a la búsqueda de ayuda. Además, las plataformas de terapia virtual pueden ofrecer un nivel de anonimato que permite a los usuarios sentirse más cómodos hablando de temas delicados. La naturaleza inmersiva de la RV también puede mejorar la experiencia terapéutica al proporcionar un entorno más atractivo y personalizado para que las personas exploren sus pensamientos y emociones. En general, la terapia virtual tiene el potencial de democratizar los servicios de salud mental y llegar a un grupo demográfico más amplio de personas que necesitan apoyo.

Comunidades de desarrollo personal

Las comunidades de desarrollo personal desempeñan un papel vital en el metaverso, ofreciendo a los individuos un espacio de apoyo para explorar y hacer crecer sus habilidades, conocimientos y desarrollo personal. Estas comunidades proporcionan una plataforma para que los usuarios conecten con personas afines, compartan experiencias y colaboren en proyectos que puedan ayudarles a alcanzar sus objetivos. Al participar en estas comunidades, los usuarios pueden acceder a recursos valiosos, recibir comentarios y apoyo, y obtener nuevas perspectivas que pueden impulsar su viaje de desarrollo personal. Además, las comunidades de desarrollo personal del metaverso pueden fomentar un sentimiento de pertenencia y empoderamiento, ayudando a las personas a adquirir confianza y resistencia mientras navegan por el paisaje virtual. A medida que el metaverso siga evolucionando y expandiéndose, estas comunidades desempeñarán un papel crucial para ayudar a los usuarios a adaptarse a las nuevas tecnologías, desarrollar habilidades esenciales y prosperar en un mundo cada vez más digital.

XXXV. LAS ARTES

En el reino del metaverso, las artes ocupan una posición única, ya que las experiencias inmersivas y las expresiones creativas pueden florecer en este paisaje digital. Desde galerías de arte virtuales en las que se exponen diversas obras de arte hasta actuaciones y conciertos interactivos que trascienden las limitaciones físicas, el metaverso ofrece infinitas posibilidades tanto a los artistas como al público. Esta nueva frontera permite la colaboración entre creadores de distintos rincones del planeta, fomentando una comunidad artística global que trasciende las fronteras geográficas. En este reino digital, los usuarios no sólo pueden consumir arte, sino participar activamente en su creación mediante herramientas y plataformas de realidad virtual. A medida que el metaverso sigue evolucionando, presenta una vía apasionante para que los artistas superen los límites de los medios tradicionales y experimenten con formas de expresión innovadoras. Sin embargo, hay que abordar retos como garantizar la protección de los derechos de propiedad intelectual y promover el acceso equitativo a las oportunidades artísticas para aprovechar plenamente el potencial del metaverso como centro vibrante de las artes.

Galerías y exposiciones virtuales

Las galerías y exposiciones virtuales representan un aspecto significativo del metaverso en evolución, ya que ofrecen una plataforma única para que los artistas muestren su trabajo y el público se relacione con el arte en espacios digitales inmersivos. Estos entornos virtuales ofrecen infinitas posibilidades de expresión e interacción creativas, trascendiendo las limitaciones físicas y llegando a un público global. Mediante el uso de tecnologías avanzadas como la realidad virtual y la realidad aumentada, los visitantes pueden explorar las obras de arte de una manera altamente interactiva y rica en sensaciones, como si estuvieran físicamente presentes en el entorno tradicional de una galería. Este enfoque innovador no sólo democratiza el acceso al arte, sino que también amplía los límites de lo que es posible en términos de comisariado, narración y participación del público. Las galerías virtuales también permiten incorporar elementos multimedia, efectos visuales dinámicos y funciones interactivas que mejoran la experiencia global y profundizan la conexión de los espectadores con las obras de arte expuestas. A medida que el metaverso siga evolucionando, las galerías y exposiciones virtuales desempeñarán un papel crucial en la redefinición de cómo se experimenta y aprecia el arte en la era digital.

Artes escénicas en espacios virtuales

Las artes escénicas en espacios virtuales ofrecen una nueva y emocionante vía para la expresión artística, desafiando las nociones tradicionales de actuaciones en directo en lugares físicos. Con el auge del metaverso, los artistas pueden ahora crear experiencias inmersivas que trascienden las limitaciones físicas, interactuando con el público de formas innovadoras. Los conciertos virtuales, las producciones teatrales y los espectáculos de danza permiten interacciones únicas, mezclando elementos de tecnología y actuación para crear una experiencia dinámica y cautivadora. Estas actuaciones virtuales no sólo llegan a un público más amplio, sino que también ofrecen oportunidades de colaboración y experimentación que pueden no ser factibles en los entornos tradicionales. Al explorar las artes escénicas en espacios virtuales, los artistas pueden ampliar los límites de la creatividad, utilizando tecnologías de vanguardia para crear experiencias memorables y transformadoras que redefinan el panorama del entretenimiento en directo. El metaverso tiene el potencial de revolucionar la forma en que consumimos y nos relacionamos con las artes escénicas, abriendo un mundo de posibilidades tanto para los artistas como para el público.

Colaboración y creatividad en el metaverso

La colaboración y la creatividad en el metaverso tienen un inmenso potencial para revolucionar la forma en que las personas interactúan e innovan en los espacios virtuales. Cuando las personas se unen en el metaverso, pueden combinar sus habilidades y perspectivas únicas para crear nuevas formas de contenido y experiencias que trasciendan las limitaciones de la realidad física. Ya sea a través de instalaciones artísticas virtuales, actuaciones musicales colaborativas o co-diseñando mundos virtuales, el metaverso ofrece infinitas posibilidades para la creatividad colectiva. Al aprovechar los diversos talentos de personas de todo el mundo, el metaverso puede servir de centro de innovación y cocreación a una escala nunca vista. Además, el metaverso proporciona un terreno fértil para explorar nuevas formas de trabajar juntos, rompiendo las barreras tradicionales y fomentando una cultura de exploración y experimentación continuas. En última instancia, la naturaleza colaborativa del metaverso tiene el potencial de desbloquear nuevos niveles de creatividad e innovación, configurando el futuro de las interacciones sociales y los esfuerzos creativos de formas profundas.

XXXVI. EVOLUCIÓN DEL LENGUAJE Y LA COMUNICACIÓN

El lenguaje y la comunicación desempeñan un papel fundamental en la evolución del metaverso. A medida que este reino digital sigue expandiéndose e integrándose en nuestra vida cotidiana, la forma en que interactuamos y nos comunicamos en él está experimentando una transformación significativa. En el metaverso, las formas tradicionales del lenguaje se están remodelando para dar cabida a nuevas formas de expresión, desde la comunicación basada en texto hasta los gestos y expresiones virtuales. La evolución del lenguaje en el metaverso no sólo tiene que ver con las herramientas que utilizamos para comunicarnos, sino también con los matices y sutilezas que dan forma a nuestras interacciones. A medida que los individuos navegan por este espacio inmersivo, la capacidad de transmitir emociones, entablar relaciones y navegar por las normas sociales a través del lenguaje se vuelve esencial. Además, a medida que el metaverso difumina las líneas entre las realidades física y digital, la forma en que nos comunicamos e interpretamos la información seguirá evolucionando, desafiándonos a replantearnos la propia naturaleza del lenguaje dentro de este nuevo paradigma. En última instancia, la evolución del lenguaje y la comunicación en el metaverso tendrá un profundo impacto en cómo nos conectamos, colaboramos y nos relacionamos con los demás en esta frontera digital emergente.

Surgimiento de nuevas formas lingüísticas

Dentro del metaverso, la aparición de nuevas formas lingüísticas es un aspecto fascinante que refleja la naturaleza evolutiva de la comunicación digital. A medida que los usuarios navegan por los espacios virtuales, se ven obligados a adaptar su lenguaje al entorno único, lo que lleva a la creación de formas innovadoras de expresar pensamientos y emociones. El metaverso permite mezclar el lenguaje tradicional con elementos de comunicación visual, auditiva e interactiva, dando lugar a un rico tapiz de formas lingüísticas que trascienden las interacciones convencionales basadas en el texto. Esta fusión de diversos modos de expresión permite a los usuarios transmitir ideas y emociones complejas con mayor eficacia, fomentando conexiones y comprensión más profundas en las interacciones virtuales. Además, la rápida evolución de las formas lingüísticas en el metaverso subraya la naturaleza dinámica y adaptativa de la comunicación humana, destacando el potencial transformador de los entornos digitales para dar forma a cómo nos relacionamos unos con otros en la era digital. A medida que el metaverso siga expandiéndose y evolucionando, el desarrollo de nuevas formas lingüísticas desempeñará un papel crucial en la configuración del futuro de las interacciones virtuales y en el establecimiento de experiencias digitales inmersivas y convincentes para los usuarios.

La comunicación no verbal en la realidad virtual

La comunicación no verbal en la realidad virtual ofrece una oportunidad fascinante para estudiar la interacción humana en entornos digitales inmersivos. En el metaverso, donde los individuos se relacionan entre sí a través de avatares y espacios virtuales, las señales no verbales como los gestos, las expresiones faciales y el lenguaje corporal desempeñan un papel crucial en la transmisión de emociones e intenciones. Estas señales no verbales pueden enriquecer la comunicación añadiendo profundidad y matices a las interacciones, permitiendo un intercambio más auténtico y atractivo entre los usuarios. Además, la capacidad de controlar y manipular el propio avatar en la realidad virtual proporciona una plataforma única para explorar el impacto de la comunicación no verbal en la dinámica y las relaciones sociales. Comprender cómo se perciben e interpretan las señales no verbales en entornos virtuales puede tener importantes implicaciones para diseñar experiencias virtuales más intuitivas y realistas. Estudiando la comunicación no verbal en la realidad virtual, los investigadores pueden obtener valiosos conocimientos sobre las complejidades de la interacción humana y mejorar el desarrollo de entornos virtuales más inmersivos e interactivos.

Barreras lingüísticas y tecnologías de traducción

Las barreras lingüísticas suponen un reto importante en el contexto del metaverso, ya que las personas de distintos orígenes lingüísticos pueden tener dificultades para comunicarse eficazmente. Esto puede dificultar las interacciones sociales y limitar el potencial de colaboración y participación en los espacios virtuales. Sin embargo, las tecnologías de traducción ofrecen una solución para salvar esta brecha y facilitar la comunicación intercultural en el metaverso. Estas tecnologías aprovechan la inteligencia artificial y el aprendizaje automático para proporcionar traducción de texto y voz en tiempo real, permitiendo a los usuarios interactuar sin problemas en varios idiomas. Al derribar las barreras lingüísticas, las tecnologías de traducción promueven la inclusión y la diversidad en los entornos virtuales, fomentando una sensación de conectividad y comprensión globales. A medida que el metaverso siga evolucionando, la integración de herramientas avanzadas de traducción será esencial para garantizar que personas de diversos orígenes puedan participar plenamente y comprometerse en experiencias digitales inmersivas. Al adoptar estas tecnologías, el metaverso tiene el potencial de convertirse en un espacio verdaderamente inclusivo y accesible para todos los usuarios, trascendiendo las fronteras lingüísticas y permitiendo interacciones significativas a escala global.

XXXVII. EL COMPORTAMIENTO HUMANO

El Metaverso es un concepto que ha cautivado la imaginación de muchos, prometiendo una nueva frontera en la interacción e inmersión digitales. Este espacio virtual, que mezcla la realidad física con la realidad aumentada e Internet, tiene el potencial de revolucionar el comportamiento humano de formas profundas. Al ofrecer oportunidades de trabajo a distancia, educación, entretenimiento y socialización en entornos altamente inmersivos, el Metaverso podría remodelar la forma en que nos relacionamos entre nosotros y con el mundo que nos rodea. Sin embargo, a medida que este reino digital sigue expandiéndose, pasan a primer plano importantes consideraciones en torno a la privacidad, la seguridad de los datos y la identidad digital. Es crucial garantizar que las personas puedan navegar por estos espacios virtuales de forma segura y protegida, fomentando al mismo tiempo la inclusión y la accesibilidad para todos. Además, la aparición del Metaverso presenta nuevas posibilidades económicas, con la creación de mercados de bienes, servicios y activos virtuales como las NFT. A medida que la sociedad se adentra en esta frontera digital, habrá que abordar cuestiones éticas y filosóficas sobre la identidad, la comunidad y la propiedad para navegar eficazmente por este nuevo paisaje. En general, el Metaverso tiene el potencial de influir significativamente en el comportamiento humano y las normas sociales, lo que pone de relieve la importancia de considerar cuidadosamente las implicaciones y los retos que conlleva esta evolución tecnológica.

Cambios de comportamiento inducidos por los entornos virtuales

El metaverso presenta una oportunidad única para observar y analizar cómo los entornos virtuales pueden inducir cambios de comportamiento entre sus usuarios. Cuando los individuos se sumergen en estos espacios digitales, suelen mostrar alteraciones en sus actitudes, acciones e interacciones. Los entornos virtuales pueden inducir a los individuos a adoptar nuevos personajes, experimentar con diferentes dinámicas sociales y participar en actividades que no suelen realizar en el mundo físico. Este cambio de comportamiento puede atribuirse al anonimato y la libertad que ofrecen los espacios virtuales, que permiten a los individuos explorar aspectos de sí mismos que quizá no se sientan cómodos expresando en la vida real. Además, los mecanismos de gamificación e incentivación a menudo presentes en los entornos virtuales pueden influir en los usuarios para que muestren comportamientos específicos con el fin de obtener recompensas o reconocimiento. En general, los cambios de comportamiento inducidos por los entornos virtuales ofrecen una visión fascinante de la maleabilidad y adaptabilidad del comportamiento humano en respuesta a los estímulos digitales.

Estudios sobre el comportamiento virtual y sus implicaciones

Los estudios sobre el comportamiento virtual y sus implicaciones han adquirido una importancia creciente a medida que las tecnologías digitales siguen moldeando nuestras interacciones cotidianas. Los investigadores han profundizado en cómo se comportan los individuos en entornos virtuales, explorando cuestiones de identidad, conexiones sociales y consideraciones éticas. El comportamiento virtual puede variar significativamente de las interacciones en el mundo real, con factores como el anonimato, la desinhibición y la ausencia de señales físicas que influyen en la forma en que las personas se comunican y se relacionan entre sí. Comprender esta dinámica es crucial para diseñar espacios virtuales que promuevan interacciones positivas y mitiguen los riesgos potenciales, como el ciberacoso o la desinformación. Además, los estudios sobre el comportamiento virtual pueden informar a los responsables políticos y a los desarrolladores de tecnología sobre cómo crear comunidades en línea inclusivas y seguras. Al analizar el comportamiento virtual y sus implicaciones, los investigadores pueden aportar valiosas ideas sobre las posibles repercusiones del metaverso en las relaciones sociales y las normas sociales. A medida que el metaverso siga evolucionando, los estudios sobre el comportamiento virtual desempeñarán un papel clave en la configuración del futuro de las interacciones digitales y en garantizar que esta tecnología transformadora beneficie a los usuarios de forma significativa y responsable.

Modelado predictivo y seguimiento del comportamiento

El modelado predictivo y el seguimiento del comportamiento en el metaverso son herramientas poderosas que tienen el potencial de revolucionar las interacciones en línea. Analizando los datos y comportamientos de los usuarios, el modelado predictivo puede anticipar preferencias, intereses e incluso acciones futuras, permitiendo experiencias más personalizadas y atractivas. Este nivel de personalización específica puede mejorar la satisfacción del usuario y fomentar un compromiso más profundo dentro de los entornos virtuales. Además, el seguimiento del comportamiento permite a las plataformas comprender los patrones de los usuarios, ofreciendo información valiosa sobre su comportamiento y tendencias. Con estos datos, los desarrolladores pueden perfeccionar sus espacios virtuales, optimizar las experiencias de los usuarios y crear entornos más inmersivos e interactivos. Sin embargo, el uso de modelos predictivos y el seguimiento del comportamiento también suscitan preocupaciones sobre la privacidad y la autonomía. Los usuarios pueden sentirse incómodos si sus datos se utilizan para manipular sus experiencias o influir en sus decisiones. Por lo tanto, es esencial que los desarrolladores den prioridad a la transparencia, el consentimiento y la protección de datos para garantizar un entorno digital seguro y respetuoso para todos los usuarios. Al navegar por este delicado equilibrio entre personalización y privacidad, el metaverso puede liberar realmente todo su potencial como espacio transformador para las interacciones sociales.

XXXVIII. LA ESTRATIFICACIÓN SOCIAL

Una de las preocupaciones más acuciantes en relación con el metaverso es el potencial para exacerbar la estratificación social. A medida que este mundo virtual se desarrolla, puede reflejar e incluso intensificar las desigualdades existentes en el mundo físico. Al igual que en la sociedad, el acceso a los recursos y las oportunidades en el metaverso podría distribuirse de forma desigual, dando lugar a una brecha digital en la que ciertos grupos queden marginados. Los que tienen más medios económicos pueden tener acceso a experiencias virtuales de primera calidad, activos digitales exclusivos y mejor conectividad, mientras que otros pueden quedar rezagados. Esto podría profundizar las disparidades en educación, empleo y capital social, perpetuando las jerarquías sociales dentro del metaverso. Para evitarlo, es imperativo establecer políticas y mecanismos que promuevan la inclusividad y la igualdad de acceso para todos los usuarios, independientemente de su procedencia o circunstancias. Abordando estas cuestiones de forma proactiva, podemos garantizar que el metaverso se convierta en un espacio que fomente la diversidad, la equidad y la cohesión social, en lugar de reforzar las divisiones existentes.

Brecha digital y disparidades socioeconómicas

La brecha digital, exacerbada por las disparidades socioeconómicas, plantea un reto importante en el contexto del metaverso. Al embarcarnos en esta nueva era de realidad virtual y espacios digitales interconectados, es esencial reconocer las desigualdades existentes que pueden obstaculizar la igualdad de acceso y participación. Los grupos históricamente marginados, como los de rentas más bajas, pueden encontrarse con obstáculos a la hora de adquirir la tecnología y el acceso a Internet necesarios para participar plenamente en el metaverso. Esto podría ampliar aún más la brecha entre los que tienen y los que no tienen, perpetuando un ciclo de exclusión y limitando las oportunidades de progreso económico e integración social. Sin esfuerzos deliberados para salvar esta brecha digital, el metaverso corre el riesgo de convertirse en un patio de recreo para los privilegiados, dejando atrás a los que ya están desfavorecidos en el mundo físico. Mientras navegamos por las complejidades de esta tecnología emergente, es imperativo dar prioridad a la inclusividad y abordar las disparidades socioeconómicas para garantizar que los beneficios del metaverso sean accesibles a todos, independientemente de su procedencia o medios económicos.

Símbolos de estatus y jerarquía en los espacios virtuales

Los símbolos de estatus y la jerarquía en los espacios virtuales desempeñan un papel crucial en la configuración de las interacciones sociales dentro del metaverso. Al igual que en el mundo físico, los individuos buscan formas de mostrar su estatus y afirmar su lugar dentro de una comunidad digital. Los entornos virtuales ofrecen oportunidades únicas para que los usuarios adquieran y exhiban símbolos de estatus, como objetos virtuales raros, espacios virtuales exclusivos o avatares personalizados. Estos símbolos de estatus pueden ayudar a establecer una jerarquía entre los usuarios, creando una sensación de prestigio y diferenciación. Como resultado, los individuos pueden esforzarse por acumular riqueza virtual o ganar reconocimiento en las comunidades online para mejorar su estatus dentro del metaverso. Sin embargo, la prevalencia de símbolos de estatus en los espacios virtuales también puede dar lugar a problemas relacionados con la desigualdad y la exclusión. Quienes no pueden acceder o permitirse ciertos símbolos de estatus pueden sentirse marginados o en desventaja dentro del ámbito digital, lo que afecta a sus interacciones sociales y a su sentido de pertenencia. Por tanto, es esencial que las plataformas virtuales tengan en cuenta el impacto de los símbolos de estatus en las experiencias de los usuarios y se esfuercen por crear un entorno más inclusivo y equitativo para todos los participantes en el metaverso.

Lucha contra la desigualdad en el metaverso

Los esfuerzos para combatir la desigualdad en el metaverso son cruciales para garantizar que este espacio virtual promueva la equidad y la inclusión de todos los usuarios. A medida que el metaverso se integra más en la vida cotidiana, es esencial abordar los problemas de acceso, representación y discriminación. Un reto clave es salvar la brecha digital para garantizar que las comunidades marginadas tengan las mismas oportunidades de participar en el metaverso. Esto podría implicar proporcionar un acceso asequible a Internet, programas de alfabetización digital y apoyo técnico a las poblaciones desatendidas. Además, los esfuerzos para combatir la desigualdad en el metaverso deben centrarse en promover la diversidad y la inclusión en los espacios virtuales, tanto en lo que se refiere a la representación de los usuarios como a la creación de contenidos. Crear políticas y mecanismos para evitar el acoso, la discriminación y la incitación al odio también es vital para fomentar un entorno seguro y acogedor para todos los usuarios. Si abordamos estas cuestiones de forma proactiva, podemos contribuir a dar forma a un metaverso que sea equitativo, diverso y capacitador para todas las personas, independientemente de su origen o identidad.

XXXIX. EL DESARROLLO INFANTIL

El impacto del metaverso en el desarrollo infantil es un tema de creciente preocupación y fascinación. A medida que los niños pasan más tiempo en entornos virtuales, interactuando con otros y explorando paisajes digitales, surgen preguntas sobre cómo esta tecnología inmersiva moldeará su crecimiento y sus interacciones sociales. Por un lado, el metaverso ofrece oportunidades únicas de aprendizaje, creatividad y colaboración que los entornos educativos y sociales tradicionales no pueden reproducir. Los niños pueden participar en excursiones virtuales, simulaciones interactivas e intercambios globales que amplían sus perspectivas y mejoran sus habilidades. Sin embargo, también existen riesgos asociados a la exposición prolongada a los mundos virtuales, como la posible adicción, la pérdida de habilidades sociales en el mundo real y la exposición a contenidos inapropiados. Es esencial que padres, educadores y desarrolladores encuentren un equilibrio entre aprovechar las ventajas del metaverso para el desarrollo infantil y protegerse de sus posibles peligros. Promoviendo el uso responsable, la alfabetización digital y las prácticas seguras en línea, podemos garantizar que el metaverso se convierta en una herramienta valiosa para fomentar el crecimiento y el aprendizaje de los niños en un panorama digital en rápida evolución.

Impacto en las habilidades sociales de los niños

Un aspecto crítico del impacto del metaverso es el de las habilidades sociales de los niños. A medida que los jóvenes se sumergen cada vez más en entornos virtuales, su capacidad para participar en interacciones cara a cara puede verse comprometida. Aunque el metaverso ofrece experiencias ricas e interactivas, también puede provocar una disminución de las interacciones sociales en la vida real, lo que puede obstaculizar el desarrollo de habilidades sociales cruciales en los niños. La dependencia de la comunicación digital y de las interacciones sociales en los espacios virtuales puede limitar su capacidad para leer las señales no verbales, interpretar las emociones y desarrollar la empatía, habilidades esenciales para unas relaciones sanas. Además, el anonimato y la distancia que proporciona el metaverso pueden dar lugar a una falta de responsabilidad por las acciones, lo que lleva a problemas potenciales como el ciberacoso y a una disminución de la responsabilidad social. Para mitigar estos efectos negativos, es esencial que padres y educadores orienten sobre el uso responsable del metaverso y fomenten un equilibrio entre las interacciones virtuales y el compromiso social en el mundo real. Fomentando un enfoque holístico del desarrollo de las habilidades sociales, los niños pueden navegar por el metaverso con una base sólida para establecer relaciones sanas y conexiones significativas tanto online como offline.

Aplicaciones educativas para los jóvenes

En el ámbito de la educación, el metaverso encierra un inmenso potencial para los jóvenes en términos de experiencias de aprendizaje innovadoras. Esta tecnología emergente puede revolucionar los métodos educativos tradicionales ofreciendo entornos inmersivos, interactivos y atractivos para que los alumnos exploren y aprendan. A través de las aulas virtuales, los alumnos pueden participar en experimentos prácticos, simulaciones, excursiones virtuales y proyectos de colaboración con compañeros de todo el mundo. Esto no sólo mejora su retención de conocimientos, sino que también fomenta el pensamiento crítico, la creatividad y la capacidad de resolver problemas. Además, el metaverso puede proporcionar experiencias de aprendizaje personalizadas, adaptadas a las necesidades individuales de los alumnos, ofreciendo tutoriales adaptativos, evaluaciones y comentarios en tiempo real. Al crear un entorno de aprendizaje más dinámico e interactivo, el metaverso tiene el poder de inspirar a una nueva generación de alumnos con conocimientos digitales, mejor preparados para los retos del futuro.

Orientación y control parental en los espacios virtuales

La orientación y el control de los padres en los espacios virtuales desempeñan un papel crucial en la navegación por las complejidades del metaverso. A medida que evoluciona este paisaje digital, los padres deben adaptarse a los nuevos retos para garantizar la seguridad y el bienestar de sus hijos en línea. En un mundo en el que las interacciones virtuales pueden ser inmersivas y a veces impredecibles, los padres deben estar atentos para supervisar las actividades de sus hijos y guiarlos hacia un comportamiento responsable. Establecer límites claros, educar a los niños sobre los riesgos online y participar activamente en sus experiencias online son prácticas esenciales para los padres en esta era digital. Adoptando un papel activo en la configuración de las interacciones virtuales de sus hijos, los padres pueden ayudar a cultivar una relación sana y positiva con la tecnología. En última instancia, la orientación y el control paternos en los espacios virtuales sirven de barrera protectora frente a posibles peligros y facilitan un compromiso constructivo con el metaverso para niños y adolescentes.

XL. EL ENVEJECIMIENTO DE LA POBLACIÓN

El metaverso, con sus entornos digitales inmersivos y sus ricas interacciones sociales, tiene el potencial de revolucionar la forma en que las poblaciones que envejecen se relacionan con la tecnología y la sociedad. A medida que las personas envejecen, a menudo se enfrentan a retos relacionados con la movilidad física, el aislamiento social y el acceso a diversas actividades. El metaverso puede abordar estos problemas proporcionando a los adultos mayores un espacio virtual donde puedan conectar con otros, participar en actividades atractivas y explorar nuevas experiencias desde la comodidad de sus hogares. Este mundo virtual ofrece una oportunidad única para que los mayores se mantengan socialmente conectados, mentalmente activos y emocionalmente satisfechos, lo que conduce a una mejora del bienestar general y de la calidad de vida. Abrazando el metaverso, las poblaciones que envejecen pueden liberarse de las limitaciones impuestas por factores relacionados con la edad y disfrutar de una vibrante comunidad digital que enriquece sus vidas de formas que no son posibles en el mundo físico.

Espacios virtuales de apoyo y compromiso social

Los espacios virtuales de apoyo y compromiso social dentro del metaverso ofrecen a las personas una forma única y envolvente de conectar e interactuar con los demás. Estos entornos digitales proporcionan una plataforma para formar comunidades, compartir experiencias y ofrecer apoyo de una forma que va más allá de las plataformas tradicionales de medios sociales. A través de reuniones, eventos y actividades virtuales, los individuos pueden participar en interacciones significativas con personas de todo el mundo, fomentando un sentimiento de pertenencia y camaradería. El metaverso permite a los individuos crear avatares personalizados, explorar entornos diversos y participar en experiencias compartidas que facilitan los vínculos sociales y las conexiones emocionales. Estos espacios virtuales también permiten crear entornos seguros e inclusivos en los que los individuos pueden expresarse con autenticidad y relacionarse con los demás de forma significativa. En general, los espacios virtuales del metaverso tienen el potencial de revolucionar las interacciones sociales ofreciendo una nueva dimensión de conectividad y apoyo a los usuarios que buscan conexiones y relaciones auténticas en un paisaje digital.

Accesibilidad para los mayores

La accesibilidad para los adultos mayores en el metaverso es una cuestión crítica que requiere una cuidadosa consideración. A medida que este paisaje digital siga evolucionando, la experiencia del usuario debe ser inclusiva y adaptarse a personas de todas las edades, incluidas las que no estén tan familiarizadas o cómodas con la tecnología. Diseñar interfaces intuitivas, fáciles de usar y adaptables a distintos niveles de conocimiento tecnológico es crucial para garantizar que los mayores puedan navegar por el metaverso con facilidad. Características como ajustes personalizables, instrucciones claras y opciones de ayuda fácilmente accesibles son esenciales para crear una experiencia de usuario positiva para este grupo demográfico. Además, proporcionar recursos para la alfabetización digital y programas de formación puede ayudar a los mayores a sentirse más seguros y capacitados en este mundo cada vez más virtual. Al dar prioridad a la accesibilidad para las personas mayores, el metaverso puede convertirse en un espacio más acogedor e inclusivo para que personas de todas las edades se conecten, participen e interactúen de forma significativa.

Potencial para mejorar la calidad de vida

El metaverso tiene el potencial de mejorar significativamente la calidad de vida de las personas al ofrecer experiencias inmersivas que superan las limitaciones de las plataformas online actuales. A través del metaverso, los usuarios pueden realizar trabajo a distancia, educación, entretenimiento e interacciones sociales en espacios virtuales que proporcionan conexiones más profundas y significativas. Esto tiene el potencial de revolucionar la forma en que las personas se relacionan con los entornos digitales y de salvar la distancia entre las realidades física y virtual. Al ofrecer una experiencia en línea más inmersiva e interactiva, el metaverso tiene la capacidad de mejorar el bienestar mental, fomentar la creatividad y crear nuevas oportunidades de crecimiento y desarrollo personal. Sin embargo, a medida que el metaverso sigue desarrollándose, es crucial abordar cuestiones clave como la privacidad, la seguridad de los datos, la accesibilidad y la inclusividad para garantizar que sus beneficios sean accesibles a todas las personas. En última instancia, el potencial del metaverso para mejorar la calidad de vida reside en su capacidad para crear un entorno virtual más atractivo, interactivo e inclusivo que complemente y enriquezca el mundo físico.

XLI. EL PATRIMONIO CULTURAL

El metaverso, un espacio virtual que mezcla la realidad física con mejoras digitales, ha suscitado debates sobre su posible impacto en el patrimonio cultural. Este concepto emergente ofrece una plataforma única para preservar y mostrar diversos artefactos, tradiciones y prácticas culturales. En el metaverso, los usuarios pueden interactuar con monumentos históricos, obras de arte y costumbres de forma inmersiva e interactiva, trascendiendo los límites tradicionales de tiempo y espacio. Al digitalizar y compartir el patrimonio cultural en entornos virtuales, el metaverso tiene el potencial de democratizar el acceso a ricas experiencias culturales, llegando a audiencias globales y fomentando el entendimiento intercultural. Sin embargo, deben abordarse retos como la autenticidad, la propiedad y la representación para garantizar un compromiso respetuoso y ético con el patrimonio cultural en el metaverso. A medida que esta tecnología siga evolucionando, será crucial encontrar un equilibrio entre innovación y conservación, aprovechando el metaverso para celebrar y salvaguardar nuestro patrimonio cultural colectivo para las generaciones futuras.

Conservación y exploración de áreas culturales

La conservación y exploración de los áreas culturales desempeñan un papel crucial para enriquecer nuestra comprensión de la historia y la identidad. Al salvaguardar y estudiar estas áreas, preservamos nuestro patrimonio y las historias que conforman nuestro pasado colectivo. Además, explorar áreas culturales nos permite sumergirnos en tradiciones, creencias y prácticas diferentes, fomentando la comprensión y la empatía interculturales. En el contexto del metaverso, la conservación y exploración de áreas culturales puede ampliarse a espacios virtuales, creando nuevas vías de compromiso y educación. Las réplicas virtuales de monumentos y artefactos históricos pueden proporcionar experiencias inmersivas a los usuarios, permitiéndoles interactuar con diversos patrimonios culturales y aprender de ellos. Esta preservación digital no sólo garantiza la conservación de lugares valiosos, sino que también democratiza el acceso a la educación cultural, llegando a un público mundial independientemente de las limitaciones geográficas. Mientras navegamos por las oportunidades y los retos del metaverso, hacer hincapié en la conservación y la exploración de las áreas culturales puede ayudarnos a mantener la riqueza de nuestro pasado al tiempo que abrazamos las posibilidades de un futuro digital interconectado.

Educación sobre el patrimonio mundial

En el ámbito de la educación sobre el patrimonio global dentro del metaverso, el potencial de las experiencias inmersivas e interactivas es muy prometedor. Los entornos virtuales pueden actuar como plataformas dinámicas para explorar la diversidad cultural, los lugares históricos y los monumentos de todo el mundo. Mediante simulaciones virtuales y reconstrucciones digitales, los alumnos pueden interactuar con lugares del patrimonio de formas que serían imposibles en el mundo físico, mejorando su comprensión y apreciación de las distintas culturas e historias. Además, las aulas virtuales pueden facilitar los intercambios y colaboraciones globales, derribando las barreras físicas y fomentando el diálogo intercultural. Sin embargo, el reto consiste en garantizar que estas experiencias educativas sean precisas y respetuosas con la diversidad que pretenden representar. Una formación y unas directrices adecuadas para los educadores, así como las aportaciones de las comunidades locales y los expertos, serán esenciales para crear contenidos educativos auténticos y significativos sobre el patrimonio mundial en el metaverso. En última instancia, al aprovechar el potencial de la tecnología virtual, la educación sobre el patrimonio global en el metaverso tiene la oportunidad de fomentar la empatía, la comprensión y la conexión más allá de las fronteras, contribuyendo a una sociedad más consciente e integradora desde el punto de vista cultural.

Representación cultural y autenticidad

A medida que este espacio virtual se integra más en nuestras interacciones cotidianas, es esencial que las culturas e identidades de todos los usuarios se reflejen y respeten con precisión. La representación auténtica en el metaverso garantiza que las personas se sientan incluidas y capacitadas dentro del entorno virtual, fomentando un sentimiento de pertenencia y comunidad. Esta representación va más allá del simple aspecto visual o estético; también abarca los valores, creencias y tradiciones que conforman una cultura. Al dar prioridad a la autenticidad cultural, el metaverso tiene el potencial de derribar barreras y estereotipos, fomentando la comprensión y el aprecio por los diversos orígenes. Sin embargo, lograr una verdadera representación cultural en el metaverso requiere una cuidadosa consideración y colaboración con las comunidades marginadas para garantizar que sus voces sean escuchadas y sus experiencias representadas con precisión. Es crucial que los desarrolladores y creadores de contenidos aborden la representación cultural con sensibilidad y conciencia, evitando los estereotipos perjudiciales o la apropiación. En última instancia, al dar prioridad a la autenticidad y la inclusión, el metaverso puede convertirse en un espacio más acogedor y enriquecedor para todos los usuarios, fomentando interacciones y conexiones significativas más allá de las diferentes fronteras culturales.

XLII. EL TURISMO

Al considerar el impacto potencial del metaverso en el turismo, resulta evidente que esta tecnología emergente tiene el poder de revolucionar la forma en que la gente explora nuevos destinos e interactúa con culturas diferentes. Al crear entornos virtuales inmersivos que reproducen lugares del mundo real, el metaverso ofrece a los turistas una oportunidad única de experimentar lugares que quizá nunca tengan la oportunidad de visitar físicamente. Esto puede abrir todo un nuevo mundo de posibilidades para los viajeros, permitiéndoles realizar visitas virtuales, participar en actos culturales e incluso interactuar con los lugareños desde la comodidad de sus hogares. Además, el metaverso tiene el potencial de impulsar el marketing y la promoción del turismo a nuevas cotas, proporcionando formas innovadoras para que los destinos muestren sus atracciones y atraigan a posibles visitantes. Sin embargo, como ocurre con cualquier tecnología nueva, hay que tener en cuenta algunos retos, como garantizar la autenticidad de las experiencias ofrecidas en el metaverso y abordar las preocupaciones relacionadas con la privacidad y la seguridad. A pesar de estos retos, el metaverso es muy prometedor para transformar la industria del turismo, y ofrece una visión de un futuro en el que se redefinen los viajes y se trascienden las fronteras.

Viaje y exploración virtual

Los viajes y la exploración virtual en el metaverso ofrecen una nueva forma de experimentar mundos y culturas diferentes sin salir de casa. Al sumergirse en entornos virtuales, los usuarios pueden descubrir lugares exóticos, hitos históricos e incluso reinos ficticios de una forma muy interactiva y atractiva. Esta forma de turismo virtual no sólo proporciona entretenimiento, sino que también sirve como poderosa herramienta educativa, permitiendo a la gente conocer de primera mano diversas culturas e historias. Mediante la exploración virtual, los usuarios pueden apreciar más profundamente el mundo que les rodea y desarrollar un sentido de empatía y comprensión hacia los demás. Además, los viajes virtuales abren posibilidades a personas que pueden no tener los medios o la capacidad de viajar en el mundo físico debido a limitaciones físicas, económicas o de otro tipo. A medida que el metaverso siga expandiéndose y evolucionando, es probable que los viajes y la exploración virtuales sean cada vez más populares, ofreciendo infinitas oportunidades para que la gente se conecte, aprenda y explore de formas que antes eran inimaginables.

Impacto en el sector de los viajes

El impacto del metaverso en la industria de los viajes está a punto de revolucionar la forma en que la gente explora y experimenta nuevos destinos. Con el avance de las tecnologías de realidad virtual y realidad aumentada, ahora las personas pueden sumergirse en experiencias de viaje virtuales que imitan fielmente los destinos del mundo real. Esto tiene el potencial de alterar los hábitos de viaje tradicionales, ya que los consumidores pueden optar por las vacaciones virtuales para ahorrar costes, reducir su huella de carbono o simplemente disfrutar del viaje desde la comodidad de sus hogares. Además, las empresas del sector de los viajes deben adaptarse a este cambio creando servicios y experiencias de viajes virtuales innovadores para atender a este mercado emergente. El metaverso también abre nuevas oportunidades para comercializar destinos, hoteles y atracciones de forma más atractiva e interactiva, difuminando aún más las fronteras entre las experiencias de viaje físicas y virtuales. En conclusión, el metaverso está reconfigurando el panorama del sector de los viajes, ofreciendo tanto retos como oportunidades apasionantes tanto a las empresas como a los consumidores.

Turismo sostenible a través de experiencias virtuales

El turismo sostenible a través de experiencias virtuales es un concepto que gana adeptos en la era del metaverso. Aprovechando la tecnología de realidad virtual, los viajeros pueden explorar y experimentar destinos sin necesidad de desplazarse físicamente, reduciendo así la huella de carbono asociada al turismo tradicional. Este cambio hacia el turismo virtual no sólo ofrece una alternativa más sostenible a los viajes convencionales, sino que también presenta oportunidades para el intercambio cultural y la educación. A través de las experiencias virtuales, las personas pueden sumergirse en entornos diferentes, interactuar con la población local y comprender mejor las diversas culturas. Además, el turismo virtual puede fomentar la inclusividad facilitando el acceso a destinos que pueden ser físicamente inaccesibles para algunas personas. Al adoptar prácticas de turismo sostenible a través de experiencias virtuales, podemos contribuir a los esfuerzos de conservación del medio ambiente sin dejar de satisfacer nuestra curiosidad innata y nuestro deseo de explorar el mundo. Este enfoque innovador del turismo no sólo se ajusta a los principios de la sostenibilidad, sino que también demuestra el potencial transformador del metaverso a la hora de reimaginar cómo nos relacionamos con el mundo que nos rodea.

XLIII. LOS SERVICIOS PÚBLICOS

La integración del metaverso en los servicios públicos encierra un inmenso potencial para transformar la forma en que las personas interactúan con las instituciones gubernamentales y acceden a los servicios esenciales. Creando espacios virtuales adaptados a la participación ciudadana, los gobiernos pueden ofrecer formas innovadoras para que la gente participe en los procesos de toma de decisiones, reciba información y acceda a los servicios cómodamente. Por ejemplo, las reuniones virtuales de los ayuntamientos podrían permitir una participación más amplia de poblaciones diversas, rompiendo las barreras geográficas y aumentando el compromiso cívico. Además, las simulaciones virtuales podrían utilizarse para la formación en preparación y respuesta ante catástrofes, mejorando la eficacia de los servicios de emergencia y garantizando una mejor coordinación durante las crisis. Sin embargo, a medida que los servicios públicos migran cada vez más a entornos virtuales, deben abordarse cuidadosamente las preocupaciones sobre la privacidad de los datos, la seguridad y la inclusión digital. Los gobiernos tendrán que dar prioridad a la protección de la información sensible, garantizar la accesibilidad de todos los ciudadanos y minimizar el riesgo de exclusión digital. En última instancia, el metaverso tiene el potencial de revolucionar la prestación de servicios públicos, haciéndolos más eficientes, inclusivos y sensibles a las necesidades de la comunidad.

Gobierno virtual y compromiso cívico

En el ámbito del gobierno virtual y el compromiso cívico dentro del metaverso, el potencial de cambio transformador es inmenso. A medida que las personas habitan cada vez más espacios en línea, el concepto de gobernar y relacionarse virtualmente adquiere nuevas dimensiones. El gobierno virtual podría implicar la representación digital, los procesos democráticos de toma de decisiones en las comunidades virtuales y el establecimiento de marcos normativos en línea para regir el comportamiento y las interacciones. El compromiso cívico en el metaverso podría implicar la participación en ayuntamientos virtuales, la votación en plataformas digitales y la colaboración con iguales para abordar cuestiones sociales. Estos avances tienen el potencial de democratizar el acceso a la participación política, potenciar las voces marginadas y fomentar un modelo de gobierno más inclusivo y transparente. Sin embargo, retos como la desigualdad digital, los problemas de privacidad y la autenticidad de las interacciones en línea deben considerarse cuidadosamente para garantizar que el gobierno virtual y el compromiso cívico en el metaverso defienden los valores de la democracia y promueven una participación significativa para todas las personas. En última instancia, la evolución del gobierno virtual y el compromiso cívico en el metaverso encierra la promesa de redefinir las nociones tradicionales de ciudadanía y gobernanza en la era digital.

Acceso a los recursos públicos y a la información

El acceso a los recursos públicos y a la información en el metaverso es un componente crucial que puede configurar la evolución de este espacio virtual. A medida que los individuos se sumerjan en este entorno digital, la disponibilidad de recursos públicos, como materiales educativos, opciones de entretenimiento y plataformas sociales, será esencial para fomentar experiencias diversas y atractivas. Además, el acceso a información precisa y fiable dentro del metaverso será vital para garantizar que los usuarios puedan tomar decisiones informadas y navegar eficazmente por este complejo mundo virtual. Sin embargo, la cuestión del acceso plantea importantes cuestiones sobre la inclusividad y la equidad. Es imperativo que los recursos públicos y la información del metaverso sean fácilmente accesibles para todas las personas, independientemente de su procedencia, situación socioeconómica o conocimientos tecnológicos. Si se abordan estas barreras de acceso, el metaverso puede convertirse en un espacio más inclusivo y equitativo, que permita a un mayor número de personas participar y beneficiarse de su potencial transformador. Así pues, garantizar la igualdad de acceso a los recursos públicos y a la información será crucial para maximizar el impacto positivo del metaverso en las interacciones sociales y promover una comunidad virtual más diversa e interconectada.

Servicios de emergencia y respuesta ante catástrofes

Los servicios de emergencia y la respuesta ante catástrofes en el contexto del metaverso presentan un conjunto único de retos y oportunidades. A medida que los mundos virtuales se integran más en nuestra vida cotidiana, crece la necesidad de garantizar que los servicios de emergencia puedan responder eficazmente a las crisis dentro de estos entornos digitales. Esto incluye desarrollar protocolos para las llamadas de emergencia virtuales, coordinar las respuestas entre los servicios de emergencia virtuales y físicos, y formar al personal para navegar y resolver situaciones de emergencia en espacios virtuales. Además, el metaverso ofrece nuevas posibilidades para la respuesta ante catástrofes al proporcionar escenarios de entrenamiento simulados, análisis de datos en tiempo real y herramientas de coordinación a distancia que pueden mejorar la eficiencia y eficacia de las operaciones de emergencia. Sin embargo, garantizar la seguridad y fiabilidad de estos sistemas virtuales es crucial para evitar posibles interrupciones o ciberataques que podrían poner en peligro la seguridad de las personas que necesitan ayuda de emergencia. A medida que el metaverso siga expandiéndose, será esencial que los servicios de emergencia se adapten e innoven para satisfacer las necesidades cambiantes de una sociedad interconectada digitalmente.

XLIV. LA PLANIFICACIÓN URBANA

La aparición del metaverso está a punto de tener un profundo impacto en la planificación urbana y el diseño de los espacios físicos. A medida que este reino virtual colectivo difumine las fronteras entre la realidad física y los entornos digitales, los planificadores urbanos tendrán que plantearse cómo integrar estos dos mundos a la perfección. El metaverso ofrece oportunidades apasionantes para diseñar espacios urbanos interactivos e inmersivos que puedan mejorar las interacciones sociales y la conectividad. Los mundos virtuales pueden utilizarse para simular distintos escenarios y recabar opiniones de los residentes antes de aplicar cambios en el mundo físico. Además, el metaverso puede servir de plataforma para experimentar con diseños urbanos sostenibles, sistemas de transporte y espacios públicos. Al incorporar el metaverso a los procesos de planificación urbana, las ciudades pueden ser más adaptables, inclusivas y receptivas a las necesidades de sus residentes. A medida que la tecnología siga avanzando, la integración del metaverso en la planificación urbana será crucial para crear ciudades habitables, vibrantes y tecnológicamente avanzadas para el futuro.

Simulación y planificación de entornos urbanos

Simular y planificar entornos urbanos en el metaverso presenta una oportunidad única para revolucionar el desarrollo y el diseño de las ciudades. Aprovechando las tecnologías de realidad virtual, los urbanistas pueden crear gemelos digitales de espacios urbanos para probar distintos escenarios, analizar datos y simular el impacto de diversas intervenciones. Este proceso posibilita una toma de decisiones más informada y permite una mayor participación pública en el proceso de planificación. Además, los entornos virtuales pueden proporcionar una plataforma para el diseño colaborativo, donde las partes interesadas pueden experimentar con diferentes ideas y soluciones en tiempo real. Al incorporar el modelado del comportamiento humano y las simulaciones medioambientales, los planificadores pueden optimizar los espacios urbanos para que sean sostenibles, eficientes y habitables. El uso del metaverso en la planificación urbana tiene el potencial de potenciar el desarrollo de ciudades inteligentes, mejorar la asignación de recursos y crear entornos urbanos más inclusivos y accesibles. Mientras navegamos por las complejidades del crecimiento urbano y la sostenibilidad, el metaverso ofrece una poderosa herramienta para reimaginar y dar forma a las ciudades del futuro.

Participación de la comunidad en el diseño urbano virtual

La implicación de la comunidad en el diseño urbano virtual tiene un inmenso potencial para dar forma al metaverso. Al permitir que los residentes participen activamente en la planificación y el desarrollo de las ciudades virtuales, se puede fomentar un sentimiento de propiedad y pertenencia. Este enfoque participativo no sólo mejora el sentido de comunidad, sino que también garantiza que los espacios virtuales se diseñen para satisfacer las diversas necesidades de sus habitantes. Las aportaciones de la comunidad pueden conducir a la creación de entornos inclusivos y accesibles que respondan a diferentes intereses y estilos de vida. Además, implicar a los residentes en el diseño urbano virtual puede fomentar la cohesión social y la colaboración, ya que los individuos trabajan juntos para construir espacios compartidos que reflejen sus valores y aspiraciones. Al implicar a los miembros de la comunidad en el proceso de diseño, las ciudades virtuales pueden convertirse en vibrantes centros de interacción, creatividad e innovación, fomentando un sentimiento de unidad y propósito común entre sus habitantes. En última instancia, la participación de la comunidad en el diseño urbano virtual puede ayudar a crear entornos metaversos dinámicos y atractivos que enriquezcan las interacciones sociales y las experiencias de sus usuarios.

La integración de las ciudades inteligentes con el metaverso

La integración de las ciudades inteligentes con el metaverso encierra un inmenso potencial para revolucionar la vida urbana y la conectividad. Fusionando tecnologías avanzadas con entornos de realidad virtual, las ciudades inteligentes pueden ofrecer niveles sin precedentes de interactividad, comodidad y sostenibilidad. A través del metaverso, los residentes pueden acceder a datos en tiempo real sobre el tráfico, el consumo de energía y los servicios públicos, lo que les permite tomar decisiones informadas y optimizar sus actividades diarias. Las infraestructuras inteligentes, como los dispositivos IoT y los sensores, pueden comunicarse a la perfección con las representaciones virtuales, lo que permite una gestión eficaz de los recursos y una mayor participación ciudadana. Además, las simulaciones virtuales pueden ayudar en la planificación y el diseño urbanos, creando una plataforma de colaboración para que las partes interesadas visualicen y propongan soluciones innovadoras. La integración de las iniciativas de ciudades inteligentes con el metaverso no sólo mejora la eficiencia de las operaciones urbanas, sino que también fomenta una comunidad más conectada y receptiva, allanando el camino para una experiencia urbana verdaderamente futurista que aproveche todo el potencial de las tecnologías digitales.

XLV. LA PROPIEDAD INTELECTUAL

A medida que el metaverso se va imponiendo en nuestro paisaje digital, es inevitable que surjan cuestiones en torno a los derechos de propiedad intelectual. En este reino virtual en el que los usuarios pueden crear y poseer activos digitales, la cuestión de a quién pertenece el contenido generado en estos espacios se convierte en primordial. La aparición de los NFTs como forma de propiedad digital añade una capa de complejidad a este debate, ya que la compraventa de activos virtuales, como obras de arte o bienes inmuebles virtuales, es cada vez más popular. Sin embargo, el marco jurídico que rodea a la propiedad intelectual en el metaverso está aún en pañales, lo que deja margen para la ambigüedad y las posibles disputas. Para garantizar un sistema justo y transparente tanto para los creadores como para los usuarios, debe haber un esfuerzo concertado para desarrollar directrices y normativas claras sobre los derechos de propiedad intelectual en el metaverso. De lo contrario, el potencial de infracción y explotación se cierne sobre nosotros, amenazando el crecimiento y la sostenibilidad de esta nueva y apasionante frontera digital.

Cuestiones de derechos de autor en las creaciones virtuales

Las cuestiones de derechos de autor en las creaciones virtuales plantean un reto complejo dentro del paisaje en evolución del metaverso. A medida que tanto los particulares como las empresas crean y poseen activos virtuales, las cuestiones relativas a los derechos de propiedad intelectual y los derechos de propiedad adquieren una importancia primordial. La capacidad de diseñar, construir y vender bienes y experiencias digitales abre un nuevo reino de oportunidades, pero también introduce la posibilidad de infracciones y usos no autorizados. En este espacio virtual, los límites entre las creaciones originales y las réplicas se difuminan, dando lugar a disputas sobre la propiedad y la compensación justa. Garantizar que los creadores reciban el crédito adecuado por su trabajo y puedan proteger sus creaciones del uso no autorizado es crucial para fomentar la innovación y la creatividad. A medida que el metaverso sigue expandiéndose, la necesidad de leyes de derechos de autor y mecanismos de aplicación claros se hace cada vez más urgente para salvaguardar los derechos de los creadores y garantizar un entorno digital justo y equitativo para todos los participantes.

Proteger los derechos de propiedad intelectual

Proteger los derechos de propiedad intelectual en el metaverso emergente es esencial para fomentar la innovación, la creatividad y la competencia leal. A medida que este espacio virtual se amplíe, la creación y el intercambio de activos, diseños y contenidos digitales serán más frecuentes. Sin protecciones sólidas, las personas y entidades pueden dudar a la hora de invertir tiempo y recursos en desarrollar nuevas ideas, temiendo que su trabajo pueda ser fácilmente robado o copiado. Implantar leyes de propiedad intelectual y mecanismos de aplicación sólidos en el metaverso fomentará un ecosistema vibrante en el que los creadores se sientan seguros a la hora de compartir sus creaciones, sabiendo que sus esfuerzos estarán salvaguardados. Esto no sólo beneficia a los creadores individuales, sino que también contribuye al crecimiento general y a la diversidad de la economía del metaverso. Al defender los derechos de propiedad intelectual, el metaverso puede cultivar una cultura de respeto por el trabajo original, incentivar la innovación y, en última instancia, impulsar la evolución dinámica de este reino virtual.

Licencias y derechos de autor en los espacios digitales

Las licencias y los derechos de autor en los espacios digitales desempeñan un papel crucial en el panorama en evolución del metaverso. A medida que este mundo virtual se expande, la necesidad de regular y proteger los derechos de propiedad intelectual es cada vez más importante. Los creadores y desarrolladores de contenidos deben navegar por marcos jurídicos complejos para garantizar una compensación justa por su trabajo, al tiempo que se adhieren a los acuerdos de licencia. Los derechos de autor de los activos digitales, como los bienes virtuales y los NFT, plantean cuestiones sobre la propiedad y la monetización en esta nueva economía digital. Sin unos mecanismos de licencia adecuados, existe el riesgo de explotación e infracción, lo que podría obstaculizar la innovación y la creatividad en el metaverso. A medida que las empresas y los particulares sigan invirtiendo y contribuyendo a este reino virtual, será esencial establecer directrices claras para la concesión de licencias y derechos de autor, a fin de garantizar un ecosistema justo y sostenible para todas las partes implicadas. En última instancia, la aplicación de normativas transparentes y aplicables en los espacios digitales será clave para fomentar un metaverso próspero y equitativo que beneficie a creadores, consumidores y a la comunidad en general.

XLVI. LAS RELACIONES INTERNACIONALES

El advenimiento del metaverso tiene enormes implicaciones para las relaciones internacionales, al remodelar la forma en que las naciones interactúan y colaboran en el ámbito digital. Este espacio virtual trasciende las fronteras físicas, permitiendo conexiones sin precedentes entre individuos y grupos de todo el mundo. A medida que los países navegan cada vez más por el metaverso, las relaciones diplomáticas pueden redefinirse, con embajadas virtuales que sirvan de centros para el diálogo y la cooperación internacionales. Además, el metaverso presenta nuevas oportunidades para el intercambio cultural y el entendimiento, fomentando un sentimiento de ciudadanía global entre los usuarios. Sin embargo, deben abordarse retos como la soberanía digital, la privacidad de los datos y la seguridad para evitar posibles conflictos y garantizar un entorno virtual seguro e inclusivo para todos los participantes. Por tanto, a medida que el metaverso siga evolucionando, es imperativo que las naciones adapten sus estrategias diplomáticas para participar eficazmente en esta nueva frontera de las relaciones internacionales.

Diplomacia y negociación en los espacios virtuales

La diplomacia y la negociación en los espacios virtuales desempeñan un papel crucial en el metaverso en constante expansión. A medida que las personas y las empresas navegan por este nuevo paisaje digital, la capacidad de comunicarse eficazmente y llegar a acuerdos en entornos en línea se convierte en algo esencial. La diplomacia virtual implica construir relaciones, resolver conflictos y establecer objetivos comunes a través de canales como reuniones, conferencias y foros virtuales. La negociación en espacios virtuales requiere una comprensión matizada de las diferencias culturales, los estilos de comunicación y la dinámica del poder, así como la capacidad de aprovechar la tecnología para obtener resultados productivos. Utilizando plataformas virtuales para la diplomacia y la negociación, las personas pueden trascender las barreras físicas y colaborar con diversas partes interesadas de todo el mundo. Sin embargo, problemas como la falta de comunicación, los problemas de confianza y la ausencia de señales no verbales pueden obstaculizar la eficacia de los procesos de diplomacia y negociación virtuales. A medida que el metaverso siga moldeando nuestra forma de interactuar y colaborar, dominar el arte de la diplomacia y la negociación en los espacios virtuales será clave para fomentar el entendimiento, impulsar la cooperación y construir relaciones sostenibles en esta era digital.

Colaboraciones y conflictos transfronterizos

Las colaboraciones transfronterizas en el metaverso tienen el potencial de revolucionar la forma en que personas de distintas partes del mundo se reúnen para trabajar, aprender y socializar. Con los límites de la distancia física prácticamente eliminados, las personas pueden participar en proyectos globales, compartir conocimientos y fomentar el entendimiento intercultural como nunca antes. Sin embargo, esta mayor conectividad también conlleva el riesgo de que surjan conflictos debido a los diferentes valores, normas y reglamentos de las distintas regiones. Los malentendidos culturales y las discrepancias legales pueden dar lugar a disputas que desafíen la coexistencia armoniosa dentro del metaverso. Encontrar formas eficaces de navegar y abordar estos conflictos será esencial para garantizar que las colaboraciones transfronterizas puedan prosperar y contribuir positivamente al desarrollo de este reino virtual. Promoviendo la comunicación abierta, la sensibilidad cultural y el respeto a la diversidad, el metaverso tiene el potencial de convertirse en un espacio verdaderamente inclusivo, donde personas de todo el mundo puedan reunirse para crear, aprender y conectar.

Gobernanza global del metaverso

La gobernanza global del metaverso plantea un reto complejo que requiere esfuerzos de colaboración de diversas partes interesadas de todo el mundo. A medida que este espacio virtual trasciende las fronteras nacionales, las normativas tradicionales luchan por seguir el ritmo de los rápidos avances tecnológicos y la naturaleza cambiante de las interacciones digitales. Establecer un marco para gestionar el metaverso implica abordar cuestiones clave como la privacidad de los datos, la ciberseguridad, los derechos digitales y el acceso equitativo. Sin mecanismos de gobernanza eficaces, existe el riesgo de explotación, manipulación y abuso en el entorno virtual. Por tanto, la cooperación internacional, la normalización de protocolos y el establecimiento de directrices claras son esenciales para garantizar el desarrollo ético y responsable del metaverso. Al fomentar el diálogo y la cooperación entre gobiernos, empresas tecnológicas, organizaciones de la sociedad civil y usuarios, un enfoque colectivo de la gobernanza mundial puede ayudar a configurar el futuro del metaverso de forma que promueva la inclusividad, la transparencia y el respeto de los derechos humanos fundamentales.

XLVII. LA RESOLUCIÓN DE CONFLICTOS

El metaverso presenta una nueva frontera en las interacciones sociales, con el potencial de revolucionar cómo se resuelven los conflictos en los entornos virtuales. A medida que los espacios virtuales se vuelven más inmersivos e interconectados, los conflictos que surjan en ellos pueden requerir enfoques únicos para su resolución. En el metaverso, los individuos tienen la capacidad de crear y habitar personajes digitales que pueden diferir mucho de sus identidades en el mundo real, lo que da lugar a dinámicas sociales complejas. La resolución de conflictos en el metaverso puede implicar navegar por estas múltiples capas de identidad para comprender las causas profundas de los desacuerdos y encontrar soluciones mutuamente aceptables. Además, el anonimato que ofrecen los espacios virtuales puede a veces agravar los conflictos, ya que los individuos pueden sentirse envalentonados para actuar de formas que no lo harían en la vida real. Por tanto, las estrategias eficaces de resolución de conflictos en el metaverso tendrán que tener en cuenta estos factores e incorporar principios de creación de comunidades virtuales, empatía y comunicación. Al promover la comprensión y la colaboración en los espacios virtuales, el metaverso tiene el potencial de fomentar interacciones pacíficas y crear un mundo digital más armonioso.

Mediación virtual y consolidación de la paz

La mediación virtual y la consolidación de la paz en el contexto del metaverso presentan una oportunidad única para fomentar la resolución de conflictos y la reconciliación. Aprovechando las plataformas virtuales, personas de diversas procedencias pueden reunirse para dialogar, negociar y colaborar en la resolución de problemas sin las barreras físicas que suelen inhibir la comunicación. La naturaleza inmersiva del metaverso permite simulaciones interactivas, experiencias de realidad virtual y mecanismos creativos de resolución de problemas que pueden mejorar la comprensión y la empatía entre las partes en conflicto. Además, el anonimato que proporcionan los avatares virtuales puede crear igualdad de condiciones, reduciendo las diferencias de poder y permitiendo intercambios más equitativos. La mediación virtual también puede facilitar la participación de terceros mediadores o facilitadores de todo el mundo, ampliando el conjunto de conocimientos disponibles para abordar conflictos complejos. En general, el metaverso ofrece un enfoque novedoso y potencialmente transformador para promover la consolidación de la paz y la resolución de conflictos en un mundo cada vez más interconectado.

Juegos de rol y simulación de conflictos

Los juegos de rol y la simulación de conflictos son componentes integrales del metaverso que contribuyen a su naturaleza inmersiva e interactiva. Mediante los juegos de rol, las personas pueden asumir temporalmente diferentes personajes, lo que les permite explorar diversas perspectivas y participar en escenarios imaginativos. La simulación de conflictos, por otra parte, permite a los usuarios navegar por situaciones complejas, negociar conflictos y desarrollar habilidades de pensamiento crítico en un entorno virtual seguro. Estos elementos no sólo mejoran la creatividad y la capacidad de resolver problemas, sino que también fomentan la empatía y la comprensión al promover el compromiso con diversos puntos de vista y experiencias. Al integrar los juegos de rol y la simulación de conflictos en el metaverso, los usuarios pueden participar en interacciones dinámicas y sugerentes que desafían sus suposiciones y amplían sus horizontes. En última instancia, estas características contribuyen al potencial transformador del metaverso al ofrecer oportunidades únicas de crecimiento personal, aprendizaje social y conexiones significativas en un espacio virtual.

Aprender de los escenarios de conflictos virtuales

Aprender de escenarios de conflicto virtuales dentro del metaverso presenta una oportunidad única para que las personas mejoren sus habilidades de resolución de conflictos en un entorno seguro y controlado. Al participar en conflictos simulados, los usuarios pueden practicar técnicas de comunicación, negociación y resolución de problemas sin temor a las consecuencias del mundo real. Estos escenarios virtuales pueden diseñarse para imitar diversos conflictos interpersonales o profesionales, lo que permite a los participantes explorar distintas estrategias y resultados. La naturaleza inmersiva del metaverso permite a los usuarios experimentar situaciones de conflicto realistas, que pueden conducir a una comprensión más profunda de sus propios comportamientos y reacciones. Mediante la exposición repetida a conflictos virtuales, los individuos pueden desarrollar empatía, resiliencia y habilidades de pensamiento crítico que pueden aplicarse a situaciones de la vida real. Al participar activamente en escenarios de conflictos virtuales, los usuarios tienen la oportunidad de aprender de sus errores, experimentar con nuevos enfoques y, en última instancia, mejorar sus capacidades de resolución de conflictos. Este proceso de aprendizaje experimental dentro del metaverso puede tener un impacto duradero en la forma en que las personas afrontan los conflictos en su vida personal y profesional, contribuyendo en última instancia a una sociedad más armoniosa y productiva.

XLVIII. LA PRIVACIDAD PERSONAL

El auge del metaverso conlleva una serie de complejas implicaciones para la privacidad personal. A medida que los individuos habitan cada vez más espacios virtuales para trabajar, socializar y entretenerse, los límites entre las interacciones de la vida real y las experiencias digitales se están difuminando. Esta integración suscita preocupación por la seguridad y la protección de los datos personales y las identidades digitales, ya que los usuarios están expuestos a riesgos potenciales de violación de datos, usurpación de identidad y violación de la intimidad. Mantener el control sobre la propia información y asegurarse de que no se explota con fines comerciales o malintencionados es primordial en esta nueva era de entornos virtuales inmersivos. Además, el potencial del metaverso para crear espacios inclusivos y accesibles para todos los individuos requiere una cuidadosa consideración para evitar perpetuar las desigualdades existentes y los riesgos de acoso. A medida que la tecnología sigue avanzando y remodelando la forma en que interactuamos con las plataformas digitales, la necesidad de medidas sólidas de privacidad y consideraciones éticas se hace cada vez más urgente para salvaguardar la autonomía y los derechos individuales en el metaverso.

Equilibrar la interacción social con las necesidades de privacidad

Equilibrar la interacción social con las necesidades de privacidad en el metaverso es cada vez más complejo a medida que los espacios virtuales siguen ampliándose y evolucionando. Por un lado, el atractivo de las experiencias inmersivas y las interacciones enriquecedoras atrae a los usuarios, tentándoles a pasar más tiempo relacionándose con otros en entornos digitales. Sin embargo, a medida que las personas están más interconectadas en estos reinos virtuales, la necesidad de salvaguardar la información personal y mantener la sensación de privacidad se convierte en primordial. Alcanzar un delicado equilibrio entre la participación en las interacciones sociales y la protección de la propia identidad digital plantea un reto importante en el metaverso. A medida que los individuos navegan por este nuevo paisaje, es esencial establecer límites claros, utilizar eficazmente los ajustes de privacidad y abogar por medidas sólidas de seguridad de los datos. Encontrar formas de equilibrar las ventajas de la conectividad social con la necesidad de salvaguardar la privacidad será crucial para configurar el futuro del metaverso y garantizar una experiencia positiva e integradora para todos los usuarios.

Tecnologías de mejora de la privacidad

Las tecnologías de mejora de la privacidad desempeñan un papel fundamental a la hora de abordar los retos que plantea el rápido crecimiento del metaverso. A medida que las personas pasan cada vez más tiempo en entornos virtuales, la necesidad de salvaguardar la información personal y garantizar la seguridad de los datos se vuelve primordial. Las tecnologías de mejora de la privacidad, como la encriptación, la anonimización y los sistemas de identidad descentralizados, ofrecen soluciones para proteger las identidades digitales y los datos sensibles de los usuarios frente al acceso no autorizado o el uso indebido. Al integrar estas tecnologías en la infraestructura del metaverso, los desarrolladores pueden crear un entorno más seguro y fiable para que los usuarios participen en interacciones sociales, realicen negocios y exploren mundos virtuales. A medida que el metaverso siga evolucionando, la implantación de tecnologías sólidas que mejoren la privacidad será esencial para construir una base de confianza y garantizar que las personas puedan participar en este reino digital con confianza y tranquilidad.

Educación y concienciación de los usuarios

En el reino del metaverso, la educación y la concienciación de los usuarios desempeñan un papel crucial para garantizar un entorno digital seguro e inclusivo. A medida que las personas navegan por espacios virtuales que difuminan la línea entre la realidad y las experiencias digitales, deben estar equipadas con los conocimientos y habilidades necesarios para proteger su privacidad, asegurar sus datos y gestionar eficazmente sus identidades digitales. Los programas de educación de usuarios pueden ayudar a las personas a comprender los riesgos y oportunidades que conlleva sumergirse en el metaverso, capacitándolas para tomar decisiones informadas sobre su comportamiento en línea. Al concienciar sobre las amenazas a la ciberseguridad, los problemas de privacidad de los datos y los dilemas éticos, los usuarios pueden navegar por el metaverso con confianza y agencia. Además, promover la alfabetización digital y la conducta responsable en línea puede fomentar una cultura de respeto y responsabilidad dentro de las comunidades virtuales, ayudando a prevenir problemas como el acoso, la discriminación y la desinformación. En última instancia, la educación y la concienciación de los usuarios son componentes esenciales para crear un metaverso seguro, equitativo y próspero que beneficie a todos los participantes.

XLIX. LA JUSTICIA SOCIAL

En el contexto del metaverso, el debate sobre la justicia social adquiere cada vez más importancia. A medida que este espacio virtual evoluciona e integra diversos aspectos de nuestra realidad física, las cuestiones de inclusividad, equidad e igualdad pasan a primer plano. El potencial del metaverso para ofrecer experiencias inmersivas que trasciendan las plataformas en línea actuales encierra tanto grandes promesas como retos en términos de justicia social. Es crucial garantizar que este nuevo reino digital sea accesible a todas las personas, independientemente de su origen, capacidades o situación socioeconómica. Abordar los problemas de discriminación, prejuicios y acoso dentro del metaverso resulta primordial para crear un entorno seguro y equitativo para todos los usuarios. Además, las oportunidades económicas que presenta el metaverso deben estructurarse de forma que promuevan la justicia, la transparencia y la igualdad de acceso. Mientras navegamos por las implicaciones éticas y filosóficas del metaverso, es esencial considerar cómo puede contribuir este espacio virtual a una sociedad más justa e integradora.

Plataformas para voces marginadas

Las plataformas que amplifican las voces marginadas desempeñan un papel crucial en el metaverso. Estos espacios brindan oportunidades a personas de comunidades infrarrepresentadas y marginadas para que compartan sus perspectivas, historias y experiencias de un modo que las empodere y desafíe las normas sociales. Al ofrecer una plataforma a las voces que históricamente han sido silenciadas o pasadas por alto, el metaverso puede fomentar un entorno digital más diverso e inclusivo. Estas plataformas pueden servir también como medio de resistencia contra la discriminación y la desigualdad, permitiendo a las personas marginadas conectar con otras que comparten luchas similares y abogar por el cambio social. Además, al amplificar estas voces, el metaverso tiene el potencial de desafiar las narrativas y los estereotipos dominantes, creando una representación más matizada y equitativa de las diversas identidades y experiencias. De este modo, las plataformas para voces marginadas en el metaverso tienen el poder de remodelar las interacciones sociales y allanar el camino hacia un paisaje digital más equitativo y justo.

Abordar los problemas sociales mediante campañas virtuales

Abordar los problemas sociales a través de campañas virtuales en el metaverso presenta una oportunidad única para comprometerse con un público diverso y global de formas innovadoras. Aprovechando las plataformas digitales y las experiencias inmersivas, las organizaciones pueden concienciar, educar y movilizar a las personas para que apoyen causas e impulsen cambios positivos. Las campañas virtuales pueden romper las barreras geográficas y llegar a personas que no tienen acceso a las formas tradicionales de activismo o información. Mediante la narración interactiva, las simulaciones de realidad virtual y los actos en directo en el metaverso, las campañas pueden cultivar la empatía y la comprensión de cuestiones sociales complejas. Además, las campañas virtuales tienen el potencial de amplificar las voces marginadas, empoderar a las comunidades y catalizar la acción colectiva a una escala antes inimaginable. A medida que el metaverso siga evolucionando, será crucial que los defensores y las organizaciones aprovechen su potencial para el bien social, creando campañas inclusivas e impactantes que aborden los apremiantes retos sociales. Si adoptamos el metaverso como herramienta para el cambio social, podemos revolucionar la forma en que defendemos la justicia y la equidad en un mundo que se digitaliza rápidamente.

Medir el impacto de los movimientos sociales virtuales

Medir el impacto de los movimientos sociales virtuales dentro del metaverso presenta un reto único debido a la naturaleza dinámica de estos espacios digitales. A diferencia de los movimientos sociales tradicionales, que pueden observarse y medirse en espacios físicos, los movimientos virtuales existen en un reino donde las fronteras son fluidas y las interacciones pueden ser anónimas o enmascararse. Es posible que las métricas utilizadas para cuantificar el éxito de un movimiento social en el metaverso tengan que evolucionar para captar los matices del compromiso, la influencia y la participación dentro de estas comunidades digitales. El seguimiento de métricas como la participación de los usuarios, el alcance, el análisis de los sentimientos y el crecimiento de la red puede proporcionar información valiosa sobre la eficacia y el impacto de los movimientos sociales virtuales. Sin embargo, es posible que las métricas tradicionales no capten plenamente la complejidad y profundidad de estos movimientos, lo que requiere nuevos métodos de análisis y medición para comprender realmente su alcance e influencia en la formación de la opinión pública y el impulso del cambio. A medida que el metaverso sigue creciendo y evolucionando, también deben hacerlo nuestros métodos de medición y evaluación del impacto de los movimientos sociales virtuales para garantizar que se valoran y comprenden con precisión en el contexto de su entorno digital.

L. LOS DERECHOS HUMANOS

La implantación del metaverso plantea implicaciones significativas para los derechos humanos en el ámbito digital. A medida que las personas participan cada vez más en espacios virtuales para trabajar, socializar y entretenerse, la protección de los datos personales y la privacidad se convierte en algo primordial. Con el potencial de las experiencias inmersivas y las interacciones virtuales en el metaverso, surge una necesidad acuciante de salvaguardar la privacidad y la seguridad de los datos. Además, garantizar un entorno inclusivo que promueva la accesibilidad y evite las desigualdades y el acoso es esencial para defender los derechos humanos dentro de este paisaje digital. La economía del metaverso, con su aparición de nuevos bienes y activos virtuales, también plantea cuestiones sobre los derechos de propiedad y la distribución justa de la riqueza en estos espacios virtuales. A medida que el metaverso difumina las fronteras entre la vida real y las experiencias digitales, se hace imperativo abordar estas cuestiones éticas y jurídicas para fomentar un entorno seguro, equitativo y respetuoso con los derechos de todos los usuarios.

Derechos de acceso y participación en el metaverso

El acceso y la participación en el metaverso plantean importantes consideraciones sobre los derechos y las oportunidades de las personas en los espacios virtuales. A medida que este reino digital se expande y evoluciona, resulta crucial garantizar la igualdad de acceso y la participación activa de todos los usuarios. Todos deben tener derecho a navegar e interactuar en el metaverso sin discriminación ni barreras. Esto incluye la capacidad de crear, personalizar y compartir contenidos, así como participar en actividades sociales, comercio y entretenimiento. Además, salvaguardar la privacidad, la seguridad de los datos y las identidades digitales en este paisaje virtual es esencial para proteger a los usuarios de posibles riesgos y vulnerabilidades. Mediante el establecimiento de directrices y políticas claras que den prioridad a la inclusión, la seguridad y la equidad, el metaverso puede convertirse en un entorno más acogedor y capacitador para que poblaciones diversas exploren, se conecten y prosperen en la era digital. Mediante una gobernanza responsable y un diseño meditado, el metaverso tiene el potencial de ofrecer una nueva frontera de posibilidades en la que las personas puedan expresarse libremente, relacionarse con los demás y crear experiencias significativas en un espacio virtual compartido.

Protección contra la discriminación y los abusos

La protección contra la discriminación y el abuso es una cuestión crítica que debe abordarse en el desarrollo del metaverso. A medida que las personas participan cada vez más en entornos virtuales, aumenta el riesgo de conductas discriminatorias y abusos. Sin las salvaguardias adecuadas, las personas pueden ser objeto de acoso, incitación al odio o exclusión en función de su identidad, como la raza, el sexo, la orientación sexual o la discapacidad. Para garantizar un metaverso seguro e inclusivo, deben aplicarse políticas y sistemas que prevengan y aborden la discriminación y el abuso. Esto puede incluir mecanismos sólidos de denuncia, herramientas de moderación y directrices comunitarias que promuevan el respeto y la tolerancia. Además, las campañas de educación y concienciación pueden ayudar a los usuarios a comprender el impacto de sus acciones y fomentar comportamientos positivos dentro de los espacios virtuales. Al dar prioridad a la protección contra la discriminación y el abuso, el metaverso puede convertirse en un entorno más acogedor y equitativo para todos los usuarios.

Defensa de los derechos humanos digitales

La defensa de los derechos humanos digitales es imperativa en el contexto del metaverso en evolución. A medida que las personas se involucran en entornos virtuales para trabajar, socializar y divertirse, la necesidad de salvaguardar la privacidad, la seguridad de los datos y la identidad digital se vuelve primordial. En el metaverso, donde las líneas entre los reinos físico y digital se difuminan, defender la protección de la información personal y la promoción de las libertades digitales es esencial para garantizar un acceso equitativo y un entorno en línea seguro. Además, a medida que las interacciones virtuales se vuelven más inmersivas e intrínsecas a la vida cotidiana, resulta crucial abordar las cuestiones de la inclusividad, el acoso en línea y la discriminación digital. Los defensores de los derechos humanos digitales deben trabajar para establecer directrices y reglamentos que defiendan las normas éticas, promuevan la diversidad y protejan a las personas de posibles abusos en esta nueva frontera digital. Al defender los derechos humanos digitales en el metaverso, podemos esforzarnos por crear un espacio en línea más equitativo, seguro y respetuoso para todos los usuarios.

LI. CONCLUSIÓN

En conclusión, el metaverso representa un cambio innovador en la forma en que nos relacionamos con la tecnología digital, ofreciendo experiencias inmersivas que trascienden las plataformas online actuales. Este espacio virtual colectivo tiene el potencial de revolucionar las interacciones sociales, el trabajo, la educación, el entretenimiento y mucho más, proporcionando conexiones más ricas y profundas en entornos virtuales. Sin embargo, al navegar por esta nueva frontera digital, deben abordarse importantes consideraciones en torno a la privacidad, la seguridad de los datos, la inclusividad y las implicaciones éticas. La economía metaversal está preparada para introducir nuevas oportunidades para el comercio y los negocios, con el comercio de activos digitales como los NFTs creando mercados totalmente nuevos. A medida que abrazamos el metaverso, también debemos lidiar con las líneas difusas entre las experiencias de la vida real y las virtuales, lo que suscita reflexiones más profundas sobre la identidad, la comunidad y la propiedad. Aunque el metaverso es muy prometedor para mejorar nuestras interacciones digitales, es esencial navegar cuidadosamente por sus complejidades para garantizar un futuro positivo y equitativo para todos los usuarios.

Resumen del impacto del metaverso en las interacciones sociales

En conclusión, el impacto del metaverso en las interacciones sociales es muy significativo. Al crear espacios virtuales inmersivos que trascienden las plataformas online tradicionales, el metaverso revoluciona la forma en que las personas se conectan y se relacionan entre sí. Esta evolución aporta nuevas oportunidades de trabajo, educación, entretenimiento y socialización a distancia, ofreciendo un nivel de profundidad y riqueza que antes era inaccesible. Sin embargo, junto con estos avances llegan profundos retos relacionados con la privacidad, la seguridad y la inclusividad. A medida que se difuminan las líneas entre el mundo físico y el digital, resulta crucial proteger los datos personales, garantizar la gestión de la identidad digital y crear un entorno seguro y accesible para todos. Además, el potencial económico del metaverso plantea cuestiones sobre el comercio virtual, la propiedad de activos y las implicaciones éticas. Al navegar por estas complejidades, es esencial abordar estos retos de forma reflexiva para aprovechar el poder transformador del metaverso y, al mismo tiempo, mitigar cualquier consecuencia negativa.

Reflexión sobre los retos y las oportunidades del futuro

La reflexión sobre los retos y oportunidades que nos aguardan en el metaverso presenta un paisaje complejo de posibilidades y riesgos. Al navegar por este territorio inexplorado de los espacios virtuales, uno de los retos clave será garantizar la privacidad y la seguridad de los datos de los usuarios. La recogida y utilización de información personal en el metaverso suscita preocupación por las violaciones de datos y la usurpación de identidad. Además, la creación de un entorno inclusivo y accesible para todas las personas, independientemente de su origen o capacidad, será primordial para evitar la desigualdad y la discriminación. Por otra parte, el metaverso también ofrece numerosas oportunidades de innovación y crecimiento. Desde bienes y servicios virtuales hasta nuevas formas de marketing y publicidad, la economía del metaverso está preparada para expandirse rápidamente. Además, las difusas líneas que separan las experiencias reales de las virtuales nos llevan a replantearnos nuestros conceptos de identidad, comunidad y propiedad, lo que tiene profundas implicaciones filosóficas y éticas. De cara al futuro, abordar estos retos y aprovechar las oportunidades del metaverso requerirá un cuidadoso equilibrio entre regulación, innovación y consideraciones éticas.

Reflexiones finales sobre el futuro del metaverso y la sociedad

En conclusión, el futuro del metaverso encierra tanto grandes promesas como importantes retos para la sociedad. Mientras navegamos por este reino virtual, es esencial considerar las implicaciones para la privacidad, la seguridad y la identidad digital. El metaverso tiene el potencial de revolucionar las interacciones sociales, el trabajo, la educación y el entretenimiento, ofreciendo experiencias inmersivas que trascienden las plataformas online actuales. Sin embargo, a medida que nos sumergimos en los espacios virtuales, es crucial garantizar que todo el mundo tenga acceso a estas experiencias y que se establezcan medidas para evitar la desigualdad y el acoso. Las implicaciones económicas del metaverso también son profundas, con nuevas formas de comercio y activos digitales que reconfiguran los mercados. Además, el desarrollo del metaverso plantea profundas cuestiones éticas y filosóficas, obligándonos a replantearnos nuestros conceptos de identidad y comunidad. Al avanzar, es imperativo que abordemos estos retos de forma reflexiva para aprovechar todo el potencial del metaverso y, al mismo tiempo, mitigar sus posibles repercusiones negativas en la sociedad.

BIBLIOGRAFÍA

Loretta Malintoppi. 'El Siglo de las Luces del Arbitraje'. Cavinder Bull, Kluwer Law International B.V., 9/12/2023

Ksenia Chmutina. 'Manual Routledge sobre Patrimonio Cultural y Gestión del Riesgo de Catástrofes'. Rohit Jigyasu, Taylor & Francis, 27/12/2023

Mark J.W. Lee. 'Aprendizaje en mundos virtuales'. Investigación y aplicaciones, Sue Gregory, Athabasca University Press, 4/1/2016

Shiyi Shen. 'Teoría y Métodos Matemáticos en Bioinformática'. Springer Science & Business Media, 1/26/2008

Glenn W. Muschert. 'La brecha digital'. Internet y la desigualdad social en perspectiva internacional, Massimo Ragnedda, Routledge, 19/06/2013

M. L. Bush. 'Órdenes sociales y clases sociales en Europa desde 1500'. Studies in Social Stratification, Routledge, 15/7/2014

Gina Grimshaw. 'La realidad virtual en la neurociencia del comportamiento: Nuevos conocimientos y métodos'. Christopher Maymon, Springer Nature, 28/09/2023

Elshenraki, Hossam Nabil. 'Previsión de ciberdelitos en la era del metaverso'. IGI Global, 27/11/2023

Colin Haynes. 'Rompiendo las barreras lingüísticas'. Traducción automática, la tecnología que ya no se puede negar, Aslib, 1/1/1998

Jeffrey Ventrella. 'Lenguaje corporal virtual: historia y futuro de los avatares: cómo evoluciona la expresión no verbal en Internet'. Lulu.com, 1/1/2011

Daniel Shore. 'Ciberformalismo'. Historias de formas lingüísticas en el archivo digital, JHU Press, 15/06/2018

James R. Hurford. 'Los orígenes de la gramática'. El lenguaje a la luz de la *evolución II, OUP Oxford, 1/1/2012*

Christian Wagner. 'Aprendizaje creativo y colaborativo a través de la inmersión'. Perspectivas interdisciplinares e internacionales, Anna Hui, Springer Nature, 8/10/2021

E. Meehan. 'El sujeto que actúa en el espacio de la tecnología'. A través de lo virtual, hacia lo real, M. Causey, Springer, 19/7/2015

Mary Morton. 'Fieles a la naturaleza'. Pintura al aire libre en Europa 1780-1870, Ger Luijten, Paul Holberton Publishing, 1/1/2020

Ann P. Bishop. 'Investigación comunitaria juvenil'. Nuevos medios para el crecimiento comunitario y personal, Bertram C. Bruce, Peter Lang, 1/1/2014

Meera Menon. 'Psiquiatría universitaria'. Estrategias para mejorar el acceso a la salud mental, Michelle B. Riba, Springer Nature, 29/5/2021

Gilles Fauconnier. 'Espacios mentales'. Aspectos de la construcción del significado en el lenguaje natural, Cambridge University Press, 26/8/1994

Angel B Maurice. 'Concienciación sobre el Cáncer de Mama'. Una visión completa de la salud mamaria, Amazon Digital Services LLC - Kdp, 10/9/2023

Nan Lin. 'Contextos del capital social'. Redes sociales en mercados, comunidades y familias, Ray-May Hsung, Routledge, 24/11/2010

Mike Dulworth. 'El efecto conexión'. Construir redes personales, profesionales y virtuales sólidas, Michael Dulworth, Berrett-Koehler Publishers, 1/1/2008

Tavishi Tewary. 'Sostenibilidad en la Gigonomía'. Perspectivas, retos y oportunidades en la Industria 4.0, Ashish Gupta, Springer Nature, 19/5/2022

John Mangan. 'Trabajadores Sin Empleo Tradicional'. An International Study of Non-standard Work, Edward Elgar, 1/1/2000

Jennifer Hood. 'Autónomos, y Negocios, y Cosas'. Una guía para creativos, Amy Hood, Quickened Publishing, 5/4/2018

Dianna L. Stone. 'El Manual Wiley Blackwell de Psicología de Internet en el

219

Trabajo'. Guido Hertel, John Wiley & Sons, 13/11/2018

Mark Fenwick. 'Legal Tech, Smart Contracts y Blockchain'. Marcelo Corrales, Springer, 2/7/2019

Morgan Lee. 'Desentrañando el Fediverso'. Un viaje a las redes sociales descentralizadas, Morgan Lee, 24/8/2023

Ken Huang. 'Blockchain y Web3'. Construir los cimientos de la criptomoneda, la privacidad y la seguridad del metaverso, Winston Ma, John Wiley & Sons, 19/8/2022

Bernd Carsten Stahl. 'Inteligencia Artificial para un Futuro Mejor'. Una perspectiva ecosistémica sobre la ética de la IA y las tecnologías digitales emergentes, Springer Nature, 17/03/2021.

Kurt Winkelmann. 'Entornos de aprendizaje innovadores en la educación superior STEM'. Oportunidades, retos y perspectivas, Jungwoo Ryoo, Springer Nature, 3/11/2021.

Jiajing Wu. 'De Blockchain a Web3 y Metaverso'. Huawei Huang, Springer Nature, 9/6/2023

Deepika Koundal. 'La IA emocional y las interacciones entre humanos y la IA en las redes sociales'. Muskan Garg, Elsevier, 20/8/2023

Rebecca C. Cory. 'Diseño universal en la educación superior'. De los principios a la práctica, Sheryl E. Burgstahler, Harvard Education Press, 1/1/2010

IDEO. 'Actos irreflexivos'. Observaciones sobre el diseño intuitivo, Jane Fulton Suri, Chronicle Books, 3/3/2005

Cynthia Savard Saucier. 'Diseño trágico'. El impacto de un mal diseño de producto y cómo solucionarlo, Jonathan Shariat, "O'Reilly Media, Inc.", 19/4/2017

Oussama Khatib. 'Robótica social'. 4ª Conferencia Internacional, ICSR 2012, Chengdu, China, 29-31 de octubre de 2012, Actas, Shuzhi Sam Ge, Springer, 4/11/2012

Acar Kutay. 'ONG, sociedad civil y cambios estructurales'. Springer Nature,

22/6/2021

Devon Powers. 'On Trend'. The Business of Forecasting the Future, University of Illinois Press, 16/10/2019

Gupta, Neha. 'Manual de investigación sobre la interacción entre la calidad del servicio y la satisfacción del cliente'. Sarma, Sarmistha, IGI Global, 31/1/2023

Nguyen H. Tran. 'Estudio sobre la gestión coordinada de la energía en los centros de datos multiusuario'. Thant Zin Oo, Springer, 13/09/2017

Ramzy Kahhat. 'Gestión de residuos electrónicos'. De residuo a recurso, Klaus Hieronymi, Routledge, 1/1/2013

Sergio Ulgiati. 'Producción y consumo sostenibles de energía'. Beneficios, estrategias y cálculo de costes medioambientales, Frano Barbir, Springer Science & Business Media, 29/5/2008

Estados Unidos. 'Congreso. Cámara de Representantes. Comité de Comercio. Subcomité de Supervisión e Investigaciones. Directrices provisionales de la EPA sobre el Título VI y enfoques estatales alternativos'. Audiencia ante el Subcomité de Supervisión e Investigaciones del Comité de Comercio, Cámara de Representantes, Centésimo Quinto Congreso, Segunda Sesión, 6 de agosto de 1998, U.S. Government Printing Office, 1/1/1998

Estados Unidos. 'Código de los Estados Unidos'. Oficina del Asesor de Revisión de Leyes de la Cámara de Representantes, 1/1/2013

CENTRO DE EDUCACIÓN DIWAKAR . CUET-PG M.ed Education [COQP15] Chapter Wise Question Answer Book 3000+ MCQ With Explanation. Diwakar Education Hub , 23/2/2024

Julia Landmann. 'El léxico dinámico del inglés'. Un enfoque socio-cognitivo de los procesos de préstamo y sus efectos lingüísticos, BRILL, 5/8/2023

C. Casey Ozaki. 'Enseñanza y aprendizaje para la justicia social y la equidad en la educación superior'. Entornos virtuales, Laura Parson, Springer Nature, 14/1/2022

Harbans S. Bhola. 'La ampliación del acceso a la educación como justicia social'. Ensayos en honor de Michael Omolewa, Akpovire Oduaran, Springer Science & Business Media, 7/10/2006

Karen HYDER. 'El aula virtual de éxito'. Cómo diseñar y facilitar un aprendizaje en línea interactivo y atractivo, Darlene Christopher, AMACOM, 9/10/2014

Ariesto Hadi Sutopo. 'El futuro de la educación: cómo el metaverso está cambiando el aprendizaje'. Topazart, 20/10/2023

Tsedal Neeley. 'La revolución del trabajo a distancia'. Triunfar desde cualquier lugar, HarperCollins, 30/3/2021

William B. Vessey. 'Dinámica de equipo a lo largo del tiempo'. Eduardo Salas, Emerald Group Publishing, 22/8/2017

Carlos Goncalves. 'Fuera de la Oficina - ¡Ama Donde Trabajas!'. Avila Business Centers, 31/3/2015

Stephen R. Marenka. 'Excursiones de Realidad Virtual con Programas en C.' Christopher D. Watkins, Academic Press, 5/10/2014

Olivier White. 'Fisiología gravitatoria, envejecimiento y medicina'. Nandu Goswami, Frontiers Media SA, 1/27/2020

Charles Spence. 'En contacto con el futuro'. El sentido del tacto de la neurociencia cognitiva a la realidad virtual, Alberto Gallace, OUP Oxford, 30/1/2014

Renee Colette Stevens. 'Diseñando experiencias 3D inmersivas'. Guía del diseñador para crear experiencias 3D realistas para la realidad extendida, New Riders, 7/5/2021

Palanichamy Naveen. 'Comprender el metaverso y sus maravillas tecnológicas'. Más allá de la realidad, Cambridge Scholars Publishing, 12/11/2023

Dasgupta, Subhasish. 'Enciclopedia de Comunidades Virtuales y Tecnologías'. Idea Group Inc (IGI), 31/10/2005

Neal Stephenson. 'Snow Crash'. Una novela, Random House Worlds, 26/8/2003

Phil Culliton. 'Aprendizaje automático en C++'. Packt Publishing, Limited, 29/12/2017

Helena Holmström Olsson. 'Software Business'. 8ª Conferencia Internacional, ICSOB 2017, Essen, Alemania, 12-13 de junio de 2017, Actas, Arto Ojala, Springer, 20/10/2017

Fan Dai. 'Realidad Virtual para Aplicaciones Industriales'. Springer Science & Business Media, 6/12/2012

Leslie Shannon. 'Realidades interconectadas'. Cómo el Metaverso transformará para siempre nuestra relación con la tecnología, John Wiley & Sons, 6/7/2023

Lai, P.C.. 'Estrategias y oportunidades para la tecnología en el mundo metaverso'. IGI Global, 1/6/2023

Alan B. Craig. 'Comprender la Realidad Aumentada'. Conceptos y aplicaciones, Newnes, 26/4/2013

Douglas Rushkoff. 'Equipo Humano'. W. W. Norton & Company, 1/22/2019

Lars Qvortrup. 'Interacción Virtual: Interacción en Mundos Virtuales Habitados en 3D'. E. Granum, Springer Science & Business Media, 3/9/2013

Meryl Siegal. 'La generación 1.5 en la composición universitaria'. Teaching Academic Writing to U.S.-Educated Learners of ESL, Mark Roberge, Routledge, 2/12/2009

Sharma, Sandhir: 'Marketing cultural y metaverso para atraer al consumidor'. Singh, Amandeep, IGI Global, 4/7/2023

Matthew Ball. 'El Metaverso: Y Cómo Lo Revolucionará Todo'. Liveright Publishing, 19/7/2022